10년 째 합숙 중

함께 만들어 낸
진솔한 웃음과 우정의 기록

웃소 지음

차례

프롤로그

1장

**멀리 가려면
함께 가야 해**

14만 원짜리 꿈 | 고탱의 마이크 ○ 19
학연, 지연, 혈연 크로스 | 고탱의 마이크 ○ 33
유튜브 채널을 만들자 | 해리의 마이크 ○ 53
너, 내 동료가 돼라! | 성희의 마이크 ○ 65
치킨 1마리로 7명이 먹는 법 | 우디의 마이크 ○ 76
게스트 태훈 | 태훈의 마이크 ○ 88
갑작스럽지만 드릴 말씀이 있습니다 | 고탱의 마이크 ○ 100
100만을 향해 | 디투의 마이크 ○ 116
저도 이제 멤버인가요? | 소정의 마이크 ○ 130

2장

**사이좋게
싸우는 중입니다**

좋은 것만 있는 줄 알았는데 | 고탱의 마이크 ○ 149
콘텐츠로 살아남기 | 성희의 마이크 ○ 160
함께는 삐그덕대고 혼자는 외로워 | 태훈의 마이크 ○ 170
유형의 아침은 무겁다 | 성희의 마이크 ○ 184
각자의 화면에, 각자의 자막을 | 해리의 마이크 ○ 199
업로드가 오늘인데,
편집이 안 끝났다니…! | 우디의 마이크 ○ 210
도전! 근데, 와 망했다! | 소정의 마이크 ○ 221
그렇게 기른 우리의 지속하는 힘 | 디투의 마이크 ○ 230

에필로그

프롤로그

팀 웃소

고탱

웃소의 리더이자 상상력을 현실로 바꾸는 사람.
아이디어 회의에서 가장 먼저 웃기 시작하고
그 웃음을 직접 실현하는 데도 망설임이 없다.
정확한 판단과 부드러운 리더십은 웃소의 10년을
이끌어 온 원동력이다.

성희

따뜻하고 명랑한 에너지를 가진 팀의 심장.
책임감이 강해 팀 모두가 의지하게 되는
든든한 존재이자 사소한 부분도 놓치지
않는 배려심으로 모두가 믿고 따르는
멋진 언니 혹은 누나다.

우디

디테일을 놓치지 않는 이야기꾼.
균형 잡힌 시선으로 콘텐츠의 중심을
잡는 만능 엔터테이너.
카메라 안팎을 오가며 서사를 완성하며,
어떤 상황에서도 인사이트를 발견하는 데
기쁨을 느낀다.

태훈

말보다 눈빛으로 먼저 말하는 사람.
수줍지만 진심을 담아 표현하는
연기가 그의 무기다. 그저 웃기기
보단 오래 남는 장면을 만들어내며,
카메라 앞에선 누구보다 빛난다.

디투

순발력과 센스를 모두 갖춘 주인공.
예상치 못한 순간에 터지는 웃음을
책임진다. 자연스럽게 시선을 모으는
그의 존재는 말 그대로 태생부터
연예인 같은 매력을 지녔다.

해리

엉뚱하지만 그래서 더 매력적인 웃소의 맏형.
무심한 듯 보이지만, 팀원들의 기분을
가장 먼저 알아채고 다정하게 챙긴다.
그래서인지 '웃소의 작은아버지'라는 별명처럼
묵묵히 뒤에서 따뜻함을 건네는 존재다.

소정

웃소의 막내. 특유의 생기 넘치는 리액션으로 팀의
분위기를 환하게 만든다. 궂은일도 마다하지 않고
팀을 위해 기꺼이 망가지는 모습은 모두에게
사랑스럽게 다가온다.

유튜브 채널 10주년을 맞은 웃소.

일곱 명의 멤버들이 익숙한 스튜디오,
빨간 소파 위에 옹기종기 모여 앉았다.
하지만 오늘은 평소와 조금 다르다.
카메라도, 대본도 없이
지난 10년의 시간을 함께 돌아보기로 한 날.
이 이야기는 지금부터 시작된다.

○
⁂
⁂
。
。

고탱   우리가 같이 유튜브를 한 지 벌써 10년이 됐어.

디투   왜 10년보다 더 된 것 같지? 알고 지낸 세월이 좀 더 있어서 그런가?

해리   기억에 남을 만한 일들이 워낙 많아서 더 길게 느껴지는 것 같아.

고탱   맞아. 그래서 이번에 웃소의 10주년을 맞아서 지난 10년을 한번 같이 돌아보면 참 좋을 것 같아.

성희   10년이면 강산도 변한다는데… 우리의 10년을 다 말하려고 하니 나는 벌써 겁이 난다.

(모두 동시에 웃음을 터뜨린다)

우디   10년…! 이야기를 모아보면 내가 느끼는 것보다 훨씬 더 많을 수도 있겠네. 그러고보니 다들 몇 살 때 웃소를 시작했어?

태훈   내가 스물일곱!

해리   나는 서른부터 마흔까지. 30대를 웃소에 다 바쳤지.

고탱   나는 29살?

디투   진짜 시간이 빨라. 그게 2015년 초의 일이니까…

10년이 넘었어. 2014년 말부터 사무실을 구하러 다니긴 했지만.

고탱 대박이다.
우디 나는 2016년 초에 합류했지.
태훈 난 2017년.
소정 나는 2020년.
고탱 지금이 2025년이니까… 10년이 넘는 시간동안 이렇게 한 명 한 명 모여서 비로소 지금의 웃소가 된 거네. 10주년을 맞이했으니까 박수 한번 치고 가자.

(모두 박수)

태훈 다른 사람들은 몰라도, 우리끼리는 알잖아. 10년 동안 위기가 없었겠어? 엄청 많았지.
해리 태훈은 언제가 제일 위기였어?
태훈 나는 아마 30만 구독자 달성 기념 생방송?

(태훈은 30만 기념 생방송 촬영으로 웃소 멤버 다 같이 여행

갔을 때, 형인 고탱과 사소한 일로 크게 다툰 일화가 있다.)

고탱 또 그 얘기 하네. (웃음)

소정 해리도 그랬어? 그러면서 웃소를 그만두겠다고 한 적도 있었잖아. 다들 그런 순간이 한 번쯤은 있었던 것 같은데?

해리 어. 나도 고탱한테 그만두겠다고 얘기했었어.

고탱 우디는 심지어 한번 그만뒀다 돌아왔잖아. (장난)

우디 그렇네, 그렇네.

고탱 별일 다 있었지. 한 7년쯤 됐을 때, '10년 되면 우리 뭐 하지?' 이런 얘기를 슬쩍 했었어. 그때 '10년 되면 에세이 써보자'는 얘기를 했는데 진짜 이렇게 쓰게 될 줄이야!

우디 기억나. 고탱이 그때 에세이 쓰고 싶다고 했던 거.

소정 그럼 이번에 우리 7명 모두 다 같이 에세이를 쓰게 되는 거야?

고탱 맞아. 그래서 각자 이야기 하고 싶은 파트를 맡아서 쓰게 될 거고, 이렇게 같이 대화하면서 '내가 기억하는 웃소'의 에피소드들을 쭉 얘기하면 돼.

우디   그럼 한 사람씩 이야기할 때마다 팟캐스트처럼 마이크를 넘기면서 진행하면 되겠다.

(모두가 고개를 끄덕인다)

성희   우리 진짜 솔직하게 하자.

고탱   그래, 솔직하게. 성희, 너 먼저 선서해.

성희   그러지 뭐. (손을 올리고) 선서. 나는 이번 10주년 에세이에 모든 것을 솔직하게 쓸 것을 선서합니다.

디투   오… 기대되는데.

소정   재밌겠다!

태훈   그럼 고탱이 먼저 시작해. 웃소의 시작은 고탱이 열었으니까.

소정   마치 RPG 게임처럼, 전설의 시작이네.

고탱   좋아. 그럼 동료들을 찾으러 가는 이야기부터 시작해야지. 먼저 전사, 마법사, 그리고 힐러까지 찾아 나설 테니까 같이 따라와 봐.

1장 ※ ※ 멀리 가려면
함께 가야 해

14만 원짜리 꿈

고랭의 마이크

띵-

"헤이 가이즈~ 헬로우… 헬…
어우 못 하겠다…"

삐롱-

처음 내가 동영상을 찍어봐야겠다고 생각했던 건 2008년, 유튜브라는 공간을 처음 안 순간부터였다. 그 당시 나는 14만 원이라는 거금을 들여 중고 캠코더를 샀다. 빠듯한 내 용돈 안에서 14만 원이나 되는 캠코더를 산다는 건 쉽지 않은 일이어서 한참을 고민하다가 구매했는데, 물론 그때만 해도 난 이 작은 기계가 내 인생을 어떻게 바꿔놓을지 전혀 알지 못했다. 그저 '뭔가 찍어보고 싶다'는 단순한 호기심이 강하게 일었을 뿐이었다.

슈팅 건처럼 생긴 그 캠코더는 무게감이 있었고, 손바닥에 꽉 차는 느낌이 좋았다. 렌즈를 통해 세상을 바라보니 평소와는 다른 시각으로 세상이 보였다. 프레임 안에 담기는 것과 프레임 밖으로 밀려나는 것들. 그 경계를 내가 정할 수 있다는 사실이 묘하게 설렜다.

하지만 '나 자신을 찍는다'는 것은 정말 다른 차원의 일이었다. 조그마한 빨간 불이 캠코더에서 빨갛게 깜빡이는 것을 보고 있자면, 마치 수천 명의 청중 앞에 선 것처럼 말문이 턱 막히곤 했다. 혼자 중얼거리는 소리가 새어 나갈까 부끄러워서 방문을 꼭 닫고 문틈엔 방음 스펀지를 붙인 채, 차가운 방바닥에 앉아 땀이 뻘뻘 날 만큼 녹화 불빛 아래 숨죽여 혼자 영상을 찍던 시간도 있었다. 부모님께

조차 들키기 싫었던 조용한 시작이었다.

띵-

그렇지만 아무 말도 못 하더라도, 녹음이 시작되는 '띵-'하는 캠코더 녹화음을 듣는 것만으로도 왠지 내가 세상에 연결되는 것 같아 기분이 좋았다.

내가 유튜브를 처음 알게 된 건 영어 공부 덕분이었다. 당시 나는 한창 영어 공부에 관심이 많았는데, 우연히 '톡투미인코리안TTMIK'이라는 한국어 교육 서비스를 알게 되었다. 그 팀의 대표인 선현우 씨는 유튜브에 영어로 한국의 일상을 이야기하거나 자신의 취미를 공유하는 영상을 올리고 있었다. 그것을 우연히 마주친 게 시작이었다.

"와, 이런 게 있네… 유튜브?"

정말 신기한 공간이었다. 내가 알고 있던 인터넷은 글과 댓글로 소통하는 곳이었는데, 이곳은 영상을 올리고 또 다시 댓글 대신 영상으로 답하며 서로 연결되는 공간이었다. 유튜브를 보다 보니 그 속에서 만나는 사람들의 이야기가 끊임없이 궁금해졌다. 영어를 배우러 찾아갔다가 유튜브에 완전히 빠져버린 셈이었다.

순간 내 머릿속에 새로운 세계가 열렸다. 방구석에 앉아서 저 멀리 이름도 얼굴도 모르는 사람과 이야기를 나눌 수 있다니? 그것도 전 세계 사람들과? 나 또한 이곳에서 상상도 못 해볼 인연들과 비디오로 이야기를 주고받는 그야말로 상상의 나래를 펼쳤다.

처음 캠코더로 찍은 영상들은 그저 단순한 영상들이었다. 예를 들면 영 찍을 게 없어서 한참 카메라를 휘적대다가 역에서부터 우리집까지 가는 길 소개 영상을 찍었다. (왜???) 골목을 걷고, 우리집 대문을 열고, 집 앞 나무가 어떻게 생겼는지 얘기했다. 내가 처음 유튜브에 올렸던 영상이었다.

처음엔 편집도 필요 없었다. 조금씩 욕심이 생겨 서툴

지만 나름의 하찮은 자막도 넣어보기 시작했다. 하지만 그때의 나는 편집 프로그램 사용법도 제대로 몰랐고, 어떤 식으로 영상을 구성해야 할지도 감이 잡히지 않았다. 그래도 언제나 방법은 있기 마련. 내가 몇 시간씩 빠져있는 그 '유튜브'에 촬영하는 법, 편집하는 법까지 수많은 튜토리얼이 있다는 것을 알게 되었고, 그 이후로 유튜브를 탐방하는 시간은 배가 되어갔다.

그렇게 '유튜브'가 재밌어서 시작했고, 막막했던 부분들은 또 '유튜브'가 해결해 줬다. 마음만 먹으면 튜토리얼이 줄줄이 나왔고, 다른 사람들은 또 어떻게 편집하는지, 어떤 장비를 쓰는지 구경할 수 있었다. 초록 창에서 검색하던 시절을 지나 유튜브에서 검색하면 온갖 튜토리얼이 나오는 신기한 세상으로의 입장이었다. 내가 원하는 것은 무엇이든 여기서 배울 수 있겠다고 생각하니 너무도 즐거웠다.

ㅣㅣㅣㅣㅣㅣ

그렇게 영상을 붙잡고 있는 시간이 커지다 보니, 어느

순간부터 나는 호기심이 생겼다.

'아직은 아무도 보는 사람이 없는데… 내가 만든 영상을 누군가 봐주는 순간이 올까?'

유튜브에 푹 빠지면서 자연스럽게 많은 해외 유튜버들을 접했다. (그때 한국 유튜브에는 아직 크리에이터들이 많지 않았다.) 빛나는 크리에이터들이 많았지만, 그 중에서도 가장 관심이 갔던 것은 팀 형식의 크루로 구성된 채널이었다.

라이언 히가Ryan Higa의 nigahiga 채널이 그 예였다. 아이디어와 영상 표현력이 대단했던 것은 물론이고, 함께하는 팀원들 사이의 합이 좋고 캐릭터가 다양해서 재미있는 이야기가 끝없이 나오곤 했다. 특히 서로 웃음이 터지거나, 서로 말도 안 되는 농담을 쳐서 촬영 분위기를 바꾸는 장면들이 좋았다. 이들의 영상을 수도 없이 보면서 마음속에 왠지 나만 간직해야 할 것 같은, 비밀스럽지만 진심이 잔뜩 담긴 꿈이 생겼다. 영어를 열심히 공부하고 영상 콘텐츠를 만드는 실력을 계속 갈고닦다 보면, 이런 크루에서 일할 수 있는 날이 올까 하는 꿈.

그렇게 혼자 조그마한 꿈을 키우고 있을 때, 그들이 나타났다. 바로 디투와 해리. 한양대학교 관광학과 동기들이다. 해리가 갑자기, 정말 갑자기 나한테 다가와서 대뜸 얘기했다.

"우리 같이 영상 공모전 나가볼래?"

정보통인 해리가 어딘가에서 '관광' 관련 영상 공모전이 있다는 소식을 듣고 팀을 꾸리고 있었던 것이었다. 나는 디투와 함께 그 14만 원짜리 캠코더로 우스꽝스러운 영상도 찍고, 킬킬거리며 동영상 만드는 데에 푹 빠져있었는데, 그 사실을 해리가 알아차린 듯했다. 그렇게 갑자기 우리 셋이 모였다. 나는 제대로 영상에 도전해 보고 싶기도 했고, 유튜브에서 매일 보던 외국 친구들에게 한국을 소개할 수 있다는 생각에 신이 나서 바로 같이 하겠다고 했다. 수상은 그 뒷전이었다.

같이 하게 된 공모전은 '제주도 관광 공모전'. 우리는 서울에서 제주도까지 의자에 앉아 이동하는 모습을 수천 장의 사진으로 촬영하고 이를 이어 붙인 스톱모션 영상을 만들었다. 편집은 그나마 덜 초짜인 내가 맡았지만 나도 역시 아는 바가 거의 없다 보니 밤을 새워가며 영상을 편집했고, 수없이 많은 시행착오를 겪었다. 특히 스톱모션 편집은 처음 해보는 작업이라 그런지 프레임을 일일이 수정하는 탓에 시간이 말도 안될 정도로 오래 걸렸다. 하지만 그 과정을 통해 우리는 어떻게 하면 더 효과적으로 메시지를 전달할 수 있는지, 어떤 장면이 시청자의 감정을 자극하는지 배울 수 있었다. 결과적으로 2등을 수상하면서 편집에 대한 개인적인 자신감도 붙었다.

물론 가장 뿌듯했던 것은 수상이 아니었다. 바로 우리가 만든 영상이 그 당시 유튜브 인기 동영상 1위에 올랐다는 사실이었다! 조회수는 2만 1,000회. 지금 기준으로 보면 인기 동영상 1위에 랭크되기엔 한없이 적은 숫자지만 당시 유튜브 환경에서는 꽤 대단한 성과였다. 그 작은 성공이 내게 준 자신감은 생각보다 컸다.

'진짜… 누군가 보긴 보네!?'

우리는 그 이후로 영상 관련한 공모전에는 모조리 참여했다. 자랑은 아닌 자랑인데 타율도 좋았다. (사실 지원자가 별로 없었다. 하하.) 만드는 과정도 재밌었지만 가슴 졸이며 기다리다가 상을 받는 기분은 더할 나위 없이 짜릿했다. 그런데 주변에서는 점점 우리를 이상하게 바라보기 시작했다.

"너희 취업 준비는 안 해? 계속 영상만 찍으려고?"

할 말이 없어지는 질문이었다. 실제로 우리는 취업 준비보다 모여서 회의하고 뭔가를 찍고 노는 데에 더 많은 시간을 보냈다. 마치 졸업을 앞둔 채 망망대해에 노 없이 나아가는 느낌이랄까? 그때까지의 나는 대학 입시만 생각해 봤지 앞으로 어떤 일을 하고 살 것인지, 내 적성은 무엇일지 진지하게 고민해 본 적이 없었다. 그나마 처음으로 영상이라는 열정을 처음 찾은 상황이었다.

그렇게 막막할 때마다 우리는 디투네 옥탑방을 찾곤 했다. 디투는 취업 대신 대학원을 진학했는데, 그러면서 홍대에 있는 허름한 옥탑방에서 자취를 시작했고, 아주 자연스럽게 그 옥탑방은 우리의 아지트가 되었다. 그곳에서 우리는 함께 모여 보드게임을 하며 시간을 보냈다.

옥탑방은 덥고 좁았지만, 그곳에서의 시간은 특별했다. 창문 너머로 보이는 서울의 밤하늘, 테이블 위에 널브러진 보드게임 말들, 맥주 캔 몇 개, 그리고 우리의 웃음소리는 매일 그 공간을 채워나갔다.

어느날 디투가 새로운 보드게임을 꺼내 들며 물었다.

"이거 슬기 형(해리의 본명)이랑 한번 해볼래?"

내가 괜히 시니컬하게 대답했다.

"뭔데? 룰 복잡하면 안 해."
"아니야, 간단해. 5분이면 배울 수 있어. 슬기 형! 룰 설명 좀 해줘."
"야, 이걸 또 설명해야 해? 귀찮게…"

해리가 괜스레 투덜거렸다.

그 때, 기막힌 아이디어가 떠올랐다. 나는 핸드폰 카메라를 켜서 녹화 버튼을 누르고 디투에게 넘겼다.

"…뭐야? 뭐 찍게?"
"이거 보드게임 룰 설명 영상 찍는 거 어때?"

공모전이 아니면 카메라를 좀체 들지 않던 우리는 그저 장난처럼 이것저것 찍기 시작했다. 매번 룰 북을 들고 씨름했던 시간이 생각나서 아예 이참에 보드게임 룰 설명 영상을 찍어봤다. 어느 날에는 우리의 일상을 찍고, 가끔은 즉흥적인 노래 영상도 찍었다. 아무런 계획 없이 그저 재미로 시작한 일이었다. 그러던 중 문득 이런 생각이 스쳤다.

'우리가 그 해외 유튜버들처럼… 멋진 유튜브 크루가 되면 좋겠다.'

웃음과 추억이 고스란히 담긴
디투네 옥탑방.

이때는 나도 아직 카메라가
익숙하지 않았다.

고탱의 마이크

학연, 지연, 혈연 크로스

 학연, 지연, 혈연. 이 세 가지가 한국 사회에서 관계를 맺는 중요한 끈이라고 했던가? 보통은 부정적으로 쓰이는 단어들인 것 같은데…. 어째 우리를 대표하는 말이 됐다. 웃소가 어떻게 모였냐고 물어보면 자연스레 학연, 지연, 혈연으로 만나게 됐다고 얘기하게 되니까. 앞서 이야기했던 디투와 해리를 학교에서 만나 웃소를 시작하게 됐으니, 틀린 말은 아니다.

 디투와 해리를 포함한 또 한 명의 '학연'은 바로 성희다. 성희와 나는 대학교 선후배 사이로, 군대를 다녀온 뒤 복학했을 때 학교에서 마주친 10학번 후배였다.

"안녕? 네가 김성희 맞지?"
"아 네, 안녕하세요!"
"내 사물함 위치랑 가깝네~."

성희랑 같은 수업을 듣고는 있었지만, 처음으로 인사를 나눴던 것은 사물함 앞이었다. 어색하기 그지 없는 이 뻘쭘한 대화가 우리 인연의 시작이라니.

성희를 얘기하자면 '예쁜 웃음을 가진 친구'다. 음…. 더 자세히 얘기하자면 '저돌적인 웃음'을 가진 친구다. 성희가 진심으로 박장대소하는 것을 보고 있으면 그렇게 방 안 분위기가 환해질 수 없다. 성희와는 처음 만난 그 해 여름, 학교에서 하는 교환학생 프로그램을 함께하면서 만났다. 웃음 코드가 세상 누구보다도 잘 맞았던 우리는 빠르게 사랑을 키웠다.

그리고 몇 달 후, 성희와 플로리다에 있는 월트디즈니

월드로 인턴십을 가게 되었다. 처음에는 이 프로그램이 있는지도 잘 몰랐는데, 재밌는 것이라면 누구보다 빨리 캐치해내는 성희가 학교에서 이번에 시범 운영하는 디즈니 인턴십 프로그램이 있다며 혹시 같이 도전해 볼 생각이 있는지 물었다. 성희와 이런 귀중한 기회를 함께한다는 것도 설렜지만, 만약 해외의 유튜버들과 함께 일을 하고 싶다면 실제로 그런 능력이 나에게 있는지 이 기회에 확인해 보고 싶었다. 그래서 디즈니월드에서 일하는 경험이야말로 나에게 가장 잘 맞는 최고의 기회가 될 것이라 생각했다.

하지만 당시 내 영어 실력이 해외에서 일하기에 전혀 충분하지 않았다. 그래서 어렸을 때 미국에서 살다 온 경험도 있고, 외고를 나와서 영어도 잘하시는 과외 선생님이(성희다.) 나를 열심히 가르쳐 주셨다. 그 때까지만 해도 우리는 아직 서먹서먹한 풋내기 커플이었는데, 이때 만큼은 진심으로 서로 눈에 불을 켜고 목표를 향해 달려갔다.

그 결과 나의 점수는 커트라인 80점을 1점 넘은 81점. 디즈니월드 인턴십에 가까스로 합격 후, 성희와 함께 온갖

2011년 성희와의 디즈니 인턴십.

기대와 웃음이 넘치는 테마파크에서에서 일하며 그동안 어렴풋이 꿈꿔왔던 '외국 친구들과 함께 일하는 경험'을 해보게 됐다. 생각보다 어려운 부분도 있었던 반면 충분히 가능할 것 같다는 느낌도 들었다. 그러나 그 기간 동안 결과적으로 내가 가장 크게 느낀 것은 그게 전부가 아니었다. 뭐를 해도 합이 잘 맞는 최고의 짝꿍이자 팀원, 성희를 찾았다는 것이었다.

인턴십을 마치고 한국으로 돌아온 나에게 가장 먼저 찾아온 고민은 '이제 뭐 해먹고 살지?'였다. 한국으로 돌아오니 모든 것이 현실로 돌아오는 느낌이었다.

'내가 제일 잘 할 수 있는 직군에 지원해보자.'

단순한 생각이었다. 모 대기업에서 '온라인 콘텐츠 PD' 직군을 채용하고 있어서 떨리는 마음으로 지원했다. 워낙 생소한 직군이라 지원자가 많지 않았고, 덜컥 '채용 연계형 인턴십 프로그램'에 합격하게 되었다. 그런데 인턴십 기간 동안 내가 생각한 것보다 훨씬 더 많은 도전과 어려움이 있었다. 온라인 콘텐츠 제작이 문제가 아니라 내 몸 조작이 쉽지 않은 지경이 돼버렸다. 새벽까지 촬영 보조 업무를 하고, 디투네 옥탑방에서 쓰러지듯 잠들기 일쑤였기 때문이다.

"야, 오늘도 되게 늦게 끝났네."

회사가 디투네 옥탑방에서 가깝다보니, 디투한테 큰 신세를 졌다. 출퇴근 시간이라도 아껴야 체력 비축이 가능할 것 같아서 인턴십 기간 동안만 옥탑방에서 지내도 되겠냐고 허락을 받았다. 디투도 대학원 과정 중이라 정신 없었을 텐데 흔쾌히 옥탑방에서 지내게 해줘서 참 고마웠다.

"주말엔 좀 잘 쉬어."
"휴, 그래야지…."
"아! 그때 얘기했던 그 영상이나 같이 찍어볼래?"
"오, 그래 그러자."

그와중에도 우리의 '온라인 비디오'를 향한 관심은 그

칠 줄 모르고 깊어만 갔다. 마침 그 당시 '바인Vine'이라는 지금의 틱톡 같은 플랫폼이 유행했고, 나도 무작정 시작해 보았다. 그렇게 탄생한 것이 바로 페이스북의 '고탱의 비디오'. 짧고, 재밌고, 내가 만들고 싶은 걸 만들 수 있는 그런 공간이었다.

디투와 함께 웃으며 서로 주고 받았던 실없는 농담들, 성희와 서로를 웃겨보려고 시도하던 성대모사나 행동 모사들을 바인 영상으로 찍어서 페이스북에 올렸다. 워낙 시시한 농담 같은 걸 영상으로 만들어 올리다 보니, 마지막에는 "뚜루루루루룸~" 하는 시답잖은 소리도 붙였다. 우스꽝스러운 우리 모습을 보는 것도 재밌었고, 우연찮게 누군가 이런 실 없는 영상을 보고 웃을 수 있다면 그것도 참 재밌겠다는 생각이 들었다.

그런데 웬걸, 그렇게 만들었던 우리 영상 중 하나가 크게 터졌다. 한 페이스북 '웃긴 동영상'을 모으는 페이지에 소개되면서 조회수가 폭발한 것이다. 도서관에 앉아 있는데 페이스북 알림이 수도 없이 울렸다.

한 여름 밤의 꿈처럼 그 일이 지나갔지만 그 이후로 내 고민은 더 깊어만 갔다. '고탱의 비디오'의 성장과 온라인 콘텐츠 PD로서 번듯한 회사에서 일할 수 있는 기회. 둘 중 하나를 선택해야만 했다. 나만의 콘텐츠를 만드는 재미, 그리고 팔로워가 늘어가는 즐거움도 느낄 수 있었지만 이렇게 큰 회사에서 내가 좋아하는 일을 할 수 있을 거라는 기대감도 쉽게 저버릴 수 없었다.

인턴십 평가의 마지막 날, 앞으로 만들고 싶은 온라인 콘텐츠 영상에 대해 발표하는 자리였다. 나는 치열한 일정을 소화하며 프레젠테이션을 마쳤지만, 발표를 하면서 이상하게 다른 얼굴들이 떠올랐다. 내가 콘텐츠를 만든다면 과연 누구와 함께하게 될까?

'축하합니다, 고태원님. PD직군 채용에 최종 합격하셨습니다. ○월 ○일까지…'

발표를 마친 후 며칠 뒤, 홍대의 한 카페에서 합격 문자를 받았다. 뛸 듯이 기쁠 줄만 알았는데, 이상하게 멍한 기분이었다. 그렇게 핸드폰을 든 채 카페를 나서서 터벅터벅 걷기 시작했다. 두 시간 넘게 홍대 거리를 거니는 동안 자꾸 눈에 밟히는 얼굴들이 있었다. 이 순간의 선택이 앞으로의 내 인생을 크게 가를 거라는 확신이 들어 미묘하게 내 몸이 떨렸다.

거리를 걸을수록 그 얼굴들은 또렷해졌다. 디투네 옥탑방에서 함께 웃고 떠들던 그 친구들. 시답잖은 것도 진지하게 함께하던 친구들. 그건 바로 디투, 해리, 성희였다. 우리가 함께 만들어낸 그 에너지와 케미스트리는 어디에서도 찾을 수 없는 특별한 것이었다. 어쩌면 우리가 정말 함께 뭔가를 할 수 있을지도 모른다는 생각은 이미 오래전부터 내 마음 한구석에 자리 잡고 있었지만 그것을 입 밖으로 꺼내는 데에는 약간의 용기, 그리고 딱 맞는 타이밍과 장소가 필요했다.

그렇게 우리는 2014년 겨울, 디투가 대학원을 졸업할 무렵 날씨가 너무 추워서 따뜻한 나라의 시원한 바다에서 실컷 놀고 싶다는 그의 제안으로 태국 여행을 가게 되었

추운 겨울날 떠났던 태국 여행.

해리와 디투는 이때 내가
무슨 생각 하고 있는지 몰랐겠지?

다. 아마도 디투와 해리 입장에서는 그저 친구들과 함께하는 여행, 추운 겨울을 피해 따뜻한 곳으로 떠나는 여행이었겠지만 내 머릿속에는 다른 생각이 가득했다. 내 마음속에는 늘 '본격적으로 우리 손으로 해보고 싶다'는 욕심을 품고 있었다.

우리는 보트를 타며 놀기도 하고, 맛있는 음식도 먹고, 이런저런 대화를 나누면서 즐거운 시간을 보냈다. 그리고 여행의 마지막 날 저녁, 다 같이 앉은 소파에서 내가 괜히 분위기를 잡았다. 나는 깊은 숨을 들이쉬었고, 긴장한 탓인지 태국의 습한 공기가 얼굴에 달라붙는 듯 했다. 디투와 해리는 어리둥절한 표정으로 나를 바라봤다.

"우리… 같이 해보자."

한참을 망설이다 꺼낸 이 한마디는, 마치 홍대 거리를 두 시간 넘게 혼자 걸었을 때처럼 내 몸을 떨리게 했다. 디투와 해리의 얼굴에는 점점 더 큰 물음표가 떠올랐다.

"뭘?"
"영상 만드는 거?"
"지금도 하고 있잖아…?"
"본격적으로 해보자는 거지. 팀을 이뤄서! 온라인 비디오 시장이 이젠 태동하고 있는 것 같아. 고탱의 비디오가 성장한 것도 그런 흐름에서…"

디투는 그때를 회상하며 내가 마치 사기꾼 같았다고 한다. 정확히 뭘 하자는 것인지도 모른 채 장밋빛 미래만 그렸다고. 어렸을 때부터 '친구와 사업은 하지 말아라.'라고 수십 수백번은 들었는데, 지금 고탱이 그 '동업'을 하자고 하는 건가? 싶었단다.

"우리가 함께 모이면 진짜 멋진 영상팀이 될 수 있어!"
"어떤 계획인지 내가 정확히 이해한 것 같지는 않은데…, 말하자면 우리가 지금처럼 영상 찍는 게 앞으로 어떤 기회가 될지도 모른다는 거지?"

디투가 미심쩍다는 눈빛으로 해리를 쳐다보며 말했다.

해리는 어깨를 으쓱해보였다. 재밌을 것 같다는 표정이었다.

"뭐… 좋아."
"그래, 뭐든 해보자고."

디투의 그 말처럼, 사실 나도 그때는 구체적인 계획이 있었던 건 아니었다. 그저 그동안 쌓아온 영상 제작 경험과 나날이 커지는 온라인 비디오 시장을 보면서 '우리가 함께하면 무언가 재미있는 일이 일어날 거야.' 하는 막연한 확신이 있었다. 그리고 무엇보다, 이 친구들과 함께라면 어떤 어려움도 즐겁게 헤쳐나갈 수 있을 거라는 믿음이었다.

태국 여행에서 제안이 실제로 어떻게 이루어졌는지는 각자 기억이 조금씩 다르다. 해리는 우리가 저녁에 함께 어떤 식당에 갔다고 기억하고, 디투는 내가 계속해서 이런저런 비전을 제시했다고 한다. 하지만 한 가지 분명한 것은 그 여행이 끝나고 한국으로 돌아왔을 때, 우리는 함께 무언가를 시작하기로 마음을 모았다는 것이다.

태국에서 돌아온 후, 우리는 정말 부지런히 움직이기 시작했다. 가장 먼저 한 일은 사무실을 구하는 것이었다. 연남동에 얻은 작은 사무실의 월세는 70만 원. 지금 생각하면 아주 소박한 시작이었다.

곧이어 성희도 사무실로 오게 되었다. 디투네 옥탑방 단골 멤버이자, 고탱의 비디오 채널에서도 핵심 멤버였던 그녀가 여기에 빠질 수는 없었다. 성희와는 연인이었던 만큼 함께하자고 제안하는 것이 왠지 더 조심스러웠지만, 재미있는 일이라면 절대 빠지지 않는 그녀답게 이 자리에도 자연스럽게 합류했다. 게다가 영어 실력까지 뛰어나 글로벌 채널을 운영하는 데 꼭 필요한 인재라 생각했다.

그리고 선바가 합류했다. 선바는 나와 비슷하게 페이스북에서 콘텐츠를 만들던 크리에이터였다. 비슷한 방식으로 활동하는 사람이 드물던 시절이라, 처음 보는 사람이었지만 왠지 모르게 반가웠다. '같은 꿈을 꾸고 있는 사람이 여기 한 명 또 있구나!' 하는 동질감이 들었다. 우리는 처음 만나자마자 다이소에 가서 머니건으로 돈 뿌리는 영상을 다 같이 프로필 사진을 찍던 날, 한 화면에 모인 우리는 참 든든했다.

찍었다. 호흡이 잘 맞아서 그 후로도 우리는 계속 만났고, 자연스럽게 선바도 우리 팀에 합류하게 되었다.

2014년 12월, 디투, 해리, 성희, 선바 그리고 나는 연남동 사무실에 모여 앉았다. 그리고 어색한 분위기 속에서 회사 이름을 정하는 논의를 시작했다. 나는 사실 이름이 그렇게 중요하다고 생각하지 않았다. 그저 빨리 콘텐츠를 만들어 올리고 싶었다. 하지만 모두가 함께하는 이 새로운 시작에는 우리가 모두 공감할 수 있는 이름이 필요했다. 여러 후보를 놓고 고민하다가, 내가 먼저 이야기를 꺼냈다.

"잼스 어때?"

내가 고심 끝에 만들어본 최종 후보는 '잼스JAMS'였다. 영어 표현으로 좋아하는 노래가 문득 흘러나오면 "That's my jam!(오 이거 완전 내 노래!)"하는 느낌이 떠오르기도 했고, 세상의 재미들을 모은다는 뜻도 담겨 개인적으로 마음에 들었다.

"…"

 구리면 구리다고 하지. 이 친구들은 별 반응이 없다. 사실 구리다고 솔직하게 얘기하면 그것도 그것대로 싫긴 하지만.

 "웃음코뿔소는 어때?"

 이어서 선바가 그다지 구미가 당기지 않는 이야기를 꺼냈다. 앞서 말한 것처럼 성희는 징말 지돌적인 웃음을 가진 친구다. 누군가 웃긴 얘기를 해서 성희가 빵 터질 때, 성희는 고갤 푹 숙이고 머리 위로 박수 치며 무아지경으로 웃는 모습이 있었다. 그리고 우린 그런 성희의 웃는 모습을 보며 '코뿔소 박수 나왔다'고 재밌어했었는데 선바가 그걸 따다 이름을 지은 것이다.

 "오?! 좋은데?"

 앞선 잼스 때와는 다르게 다들 반색하며 좋아했다. 내

심 속으론 '무슨 회사 이름이 웃음코뿔소야. 입에 진짜 안 붙네.' 싶었지만 잼스가 구리다고 하는 거에 삐진 티를 낼 순 없으니 나도 그냥 어느 정도 괜찮은 척했다. 그렇게 해서 처음 들을 땐 조금 낯설지만, 자꾸 듣다 보면 저돌적이고 친근한 느낌이 드는 ―잼스보다 아주 살짝 더 괜찮은― 웃음코뿔소라는 이름이 우리의 멋진 회사 이름이 됐다.

옆 사무실 사람들의 대화 소리가 다 들릴 정도로 얇은 벽이었지만, 우리에겐 그마저도 소중했다. 보증금 1천만 원에 월세 70만 원의 허름한 사무실이었어도 내가 꿈에 부풀어 있었던 건, 진정으로 이 친구들과 함께하면 뭔가 대단한 일을 해낼 수 있을 거라는 확신 때문이었다. 물론 현실은 냉혹했고 식비와 생활비에 대한 부담은 계속 커져 갔지만, 이 모든 불안함 속에서도 '멀리 가려면 함께 가라.'는 생각이 떠나질 않았다.

우리가 함께 모였을 때 만들어낸 에너지는 특별했다. 디투는 영상 찍는 걸 가장 신나게 참여해 주고, 해리는 어떤 문제든 해결해 주려는 의지가 강했으며, 성희는 '그깟 돈은 나중에 벌어도 좋다'며 우리의 비전 그 자체가 되었다. 여담인데, 웃음코뿔소라는 이름은 너무 많은 사람들이 자꾸 '웃음코끼리'로 헷갈려서 그냥 포기하고 회사명을 웃소로 바꿨다. 뚜루루루루룹~

유튜브 채널을
만들자

해리의 마이크

 2015년부터 우리는 연남동 사무실로 출퇴근을 시작했다. 고탱이 나에게 같이 영상을 만들어보지 않겠냐고 제안했을 때, 나는 많은 생각을 오가며 망설일 수밖에 없었다. 하지만 그 고민은 오래가지 않았다. 나 역시 온라인 비디오 시장이 앞으로 크게 성장할 것이라는 확신과 함께 친구들과 재미있는 일을 벌인다는 생각에 즐거웠기 때문이었다.

 우리는 매일 사무실에 모여 콘텐츠 제작자들이 이 일을 직업으로 삼을 수 있을지에 대한 고민을 시작했다. 웃음코뿔소는 바로 그런 고민에서 출발한 회사였다. 우리의 목표는 콘텐츠 제작자들이 안정적으로 활동할 수 있는 환경을 만드는 것이었다. 아직 구체적인 사업 아이템은 정해진 것이 없었기 때문에 사무실 한가운데 놓인 네모난 책상에 둘러앉아 온라인 비디오 시장에서 우리가 할 수 있는 일, 그리고 진심으로 하고 싶은 일이 무엇인지에 대해 이야기를 나누었다.

우리는 연예기획사처럼 크리에이터를 육성하고 지원하는 '크리에이터 기획사'를 만들어보고자 했다. 콘텐츠 제작자를 발굴하고 키우겠다는 목표로 영상 제작 중인 창작자들을 만나며 시간을 보냈다. 제품을 만들고 펀딩을 진행해보기도 했으며, 소규모 팬미팅 같은 오프라인 기획도 해보며 경험을 쌓아갔다. 하지만 현실은 기대와 달랐다. 이미 MCN Multi-Channel Network이라는 형태로 수많은 크리에이터 기획사가 우후죽순 생겨났고, 그 속에서 우리는 좀처럼 눈에 띄지 못했다. 오히려 우리 팀을 섭외하고 싶다는 제안만 들어올 뿐이었다. 웃음코뿔소를 시작한 지도 몇 달이 지났지만, 여전히 뚜렷한 성과는 없었다.

우리의 기대만큼 사업 아이템은 잘 풀리지 않아서 자연스레 점점 자신감은 줄어들고 의욕도 서서히 깎여나갔다. 일이 없다보니 연남동 사무실 한켠에서 짧은 영상을 찍거나, 보드게임을 하며 시간을 보내는 날이 많아졌다. 하루에도 몇 시간씩 '뱅', '전략삼국지', '딕싯' 같은 보드게임을 하며 웃고 떠들었다. 때로는 트럼프 카드 한 벌로 할 수 있는 새로운 게임을 직접 만들어보기도 했다. 게임에 이름을 붙이고, 규칙을 정하고, 플레이하며 정말 즐겁게 놀았다. 그렇게 해가 지는 줄도 모르고 게임을 하다가, 허기가 지면 배달음식을 시켜 먹으며 다시 보드게임을 이어갔다.

어쩌면 우리는 그 시절의 불안을 애써 모른 척 하며 그 시간을 견디고 있었을 것이다. 할 일이 없어도 우리는 매일같이 사무실로 나갔고, 서로 함께 시간을 보내며 마음을 다잡으려 했다. 그렇지만 내 나이는 서른이었고, 디투는 대학원을 갓 졸업한 시기였다. 그때는 아직 몰랐다. 인생의 고난은 파도와 같아서 끊임없이 몰아친다는 사실을. 마음 한구석은 점점 초조해지고 불안해지다가 결국은 미루던 현실 앞에 마주 서야 했다.

"우리 이대로 괜찮을까?"

월세 70만 원, 한 달 식비만 200만 원, 그리고 각자의 생활비까지. 우리가 매달 감당해야 하는 비용이었다. (정확히 말하면, 그 대부분을 고탱이 감당하고 있었다) 당시 고탱은 '고탱의 비디오'라는 크리에이터로 페이스북에서 성공적인 커리어를 쌓아가고 있었고, 웃소는 사실상 고탱의 광고 콘텐츠 제작 수익으로 연명하고 있는 상황이었다. 다행히 광고 콘텐츠 제작 의뢰는 끊이지 않고 들어왔기 때문에, 우리는 웃소를 유지하기 위해 광고 커뮤니케이션 업무와 기획, 촬영과 실질적인 제작을 함께하며 모두 고탱의 비디오 업무를 돕기 시작했다.

하지만 페이스북은 아직 크리에이터를 위한 수익 모델이 제대로 갖춰지지 않은 플랫폼이었다. 영상 제작만으로는 수익을 전혀 낼 수 없었고, 광고 콘텐츠 제작 수익에만 의존하는 구조로는 점점 한계에 부딪히고 있었다. 그래도 우리는 쉽게 포기할 수 없었다. 각자의 인생에서 중요한 시기에 함께 이 길을 걷고 있었기 때문이다. 몇 달동안 우

연남동 우리의 첫 사무실.

리는 웃소를 운영해오면서 우리의 청사진을 수도 없이 그려나갔다. 이제는 이 길이 단순히 '생계' 이상의 의미가 된 것이다. 바로 '우리가 좋아하는 일을 업으로 삼을 수 있다'는 믿음. 그 믿음 하나가, 보이지 않는 길 위에서도 우리를 계속 앞으로 나아가게 했다.

"안 되겠다, 유튜브 채널을 만들자!"

갑자기 고탱의 입에서 나온 한마디에 모두의 시선이 그에게 쏠렸다. '고탱의 비디오'로 인지도를 쌓아온 플랫폼은 페이스북이었기에, 새로운 플랫폼으로의 전환은 어떻게 보면 큰 모험이었지만 고탱은 최근 한국 유튜브의 성장세를 지켜보며 점점 확신을 가지게 된 듯했다.

페이스북은 짧고 임팩트 있는 숏폼 콘텐츠에 최적화된 플랫폼이라면, 유튜브는 더 길고 다양한 주제의 콘텐츠가 활발히 공유되는 공간이었고, 이미 안정적인 수익 구조도 갖추고 있었다. 물론 유튜브로 옮긴다고 해서 당장 수익이 생기는 건 아니겠지만, 적어도 우리 같은 콘텐츠 제작자에게는 앞으로 나아갈 수 있는 하나의 방향을 제시해주기에 충분했다. 그래서 우리는 걱정을 잠시 내려놓고 유튜브에 도전해보기로 했다. 목표는 '고탱의 비디오' 유튜브 채널 구독자 10만 명. 일단 뭐든 해보자는 마음이었다.

더 나아가 고탱은 온라인 비디오 시장에서 우리가 주도적으로 활동하려면 직접 콘텐츠를 만들며 프로듀서로서의 역량을 키워야 한다고 말했다. 처음 웃음코뿔소를 시작할 때만 해도 나는 영상 제작에 참여하지 않겠다고 했던 사람이라, 내가 프로듀서가 된다는 건 전혀 예상하지 못한 일이었다. 하지만 몇 달 동안 이 친구들과 붙어 지내다 보니 제작 또한 잘할 수 있을 것 같은 묘한 자신감이 생겼고, 콘텐츠를 제대로 만들어보고 싶다는 욕심까지 들기 시작했다. 그래서 큰 거부감 없이 그 방향에 동의할 수 있었다. 우리는 결정을 내린 후, 곧바로 실행에 옮겼다. 이제는 '고탱의 비디오' 채널의 보조 업무에 머무르지 않고, 각자가 한 명의 프로듀서가 되어 자신만의 콘텐츠를 제작하게 된 것이다. 하지만 우리는 아직 고탱의 비디오 채널에 바로 올릴 수 있을 만큼 완성도 높은 콘텐츠를 만들기는 어렵다고 생각했다. 그래서 우리가 직접 제작한 콘텐츠를 실험해볼 수 있는 연습 무대인 유튜브 채널 '웃음코뿔소'를 개설하게 되었다.

유튜브 채널을 여는 건 생각보다 간단했다. 이메일 계정 하나만 있으면 누구나 만들 수 있는 일이었지만 진짜 고민은 그 다음부터였다. '우리는 어떤 콘텐츠를 만들 것인가?' 페이스북에서 제작했던 콘텐츠를 그대로 옮길지, 아니면 유튜브에 맞춘 완전히 새로운 시도를 해볼지에 대한 깊은 고민이 시작됐다.

나, 성희, 디투, 선바, 그리고 고탱까지―다섯 명 모두 성격도 다르고, 중요하게 생각하는 가치도 제각각이라 만들고 싶은 콘텐츠 역시 달랐다. 하지만 그만큼 서로 다른 관점과 강점을 가진 사람들이 모였기에 오히려 더 풍부하고 다채로운 콘텐츠를 만들어낼 수 있으리란 기대도 함께 있었다.

먼저 나는 첫 영상으로 '부모님의 카카오톡 대화 방식',

그리고 이어서 90년대의 향수를 담은 '아이들은 몰라요' 영상, 성희는 호불호 시리즈의 시작이라 할 수 있는 '세계 과자 먹어보기'와 같은 리뷰 콘텐츠, 디투는 '1분 안에 제시어 듣기'와 같은 리얼 예능 콘텐츠와 '계한민국'이라는 독특한 콘텐츠를 만들었다. 당시 '1인 1닭'이라는 표현이 유행했는데, 디투는 그 유행이 마음에 들지 않았다고 한다. 한 명이 닭 한 마리를 다 먹어야 한다는 말이 이해되지 않는다며, 지금과 마찬가지로 그때도 자신의 불만을 콘텐츠로 풀어내고 싶어 했다. 열과 성을 다해 만들다 보니 가장 오랜 시간 촬영하고, 가장 오래 편집한 콘텐츠가 되었고, 그래서 '계한민국'은 더 많은 사람들에게 보여주기 위해 웃음코뿔소 채널이 아닌 고탱의 비디오 채널에 업로드 했다.

사실 콘텐츠 기획부터 촬영, 편집 그리고 발행까지 모든 과정에서 직접 해내는 것은 결코 쉬운 일이 아니었다. 기획과 촬영은 옆에서 많이 지켜본 덕분에 감각은 어느 정도 익혀두었지만, 편집은 정말 생소했다. (10년 전엔 더 그랬다.) 그나마 대학 수업 과제로 영상 편집을 해본 정도였는데, 이때 처음으로 편집 프로그램 '파이널 컷'을 설치하고 성희와 함께 고탱에게 편집을 배우기 시작했다. 처음에는 자르고 붙이는 것조차 버거웠지만 조금씩 컷 편집을 익히고 간단한 자막을 넣으며 편집이라는 새로운 세계에 발을 디뎠다. (고탱은 이 때 정말 친절하게 편집을 알려줬는데…)

'웃음코뿔소' 유튜브 채널을 만들기로 한 결정은 우리에게 정말 중요한 전환점이었다. 단순히 플랫폼을 옮긴다는 의미를 넘어, 우리 각자가 콘텐츠 제작자로서 내딛는 본격적인 첫 걸음이었다. 물론 시작부터 순탄했던 것은 아니었다. 영상 조회수는 기대에 미치지 못했고, 구독자 수 증가도 더뎠다. 페이스북에서 얻은 반응이 유튜브에서도 그대로 이어질 거라 생각했지만 현실은 달랐다. 당시 유튜브는 성인보다는 학생이, 학생 중에서도 초등학생이 주 사용자였고, 영상 포맷이나 편집 스타일, 웃음 코드도 페이스북과는 또 다른 영역이었기 때문이다.

우리는 그제서야 깨달았다. 이 플랫폼에서는 우리만의

새로운 색깔을 만들어야 한다는 것을. 그 순간부터 우리는 단지 '콘텐츠를 만드는 사람들'을 넘어, 유튜브라는 새로운 무대에서 스스로를 증명해 나가야 했다.

너,
내 동료가 돼라!

성희의 마이크

그 즈음에 우리는 사무실을 연남동에서 금천구로 옮겼다. 연남동 물가가 너무 비싸서 식비만 해도 눈물 날 지경이었고, 좀 더 가정집 같은 분위기의 공간이 필요하기도 했던 것이다. 그래서 방이 두 개 딸린 자그마한 오피스텔을 우리의 새로운 사무실로 정했고, 텅 빈 사무실을 촬영에 적합한 장소로 꾸미기 위해 고탱과 함께 이케아에 갔다. 이케아에서 지난 사무실에 둔 회색 철제 소파보다는 아주 조금 괜찮은, 그래도 4명이 앉을 수 있는 소파를 찾을 수 있었다. 이케아 특유의 어려운 이름이 붙은, 50만 원쯤 하는 빨간 소파였다. 우리의 사정을 알고 있었기에 당연히 살 수 없을 줄 알았는데, 내 예상과는 달리 고탱은 한 치의 망설임 없이 말했다.

"이걸로 하자. 화사하니 화면에 잘 나오겠다. 소파베드 니까 활용도도 좋고."
"우린 지금 돈이 없고 사무실 월세도 빠듯한데 굳이 이 렇게 비싼 걸?"
"이건 우리에게 사치가 아니라 분명 투자가 될거야."

그렇게 빨간 소파는 우리 사무실로 들어왔다. 그 소파는 웃소 멤버 모두가 앉기에는 다소 비좁았다. 촬영 중엔 서로의 몸이 밀착되어서 각자의 체온이 공유되었고, 촬영을 마치고 나면 엉덩이에서 땀이 난다며 하소연하는 멤버들도 있었다. 그럼에도 불구하고 빨간 소파는 화면 속에서 언제나 튀는 컬러와 완벽한 구도를 만들어주었고, 더 나아가 웃소의 '마스코트'가 되었다.

지금 와서 돌이켜보면 그건 단지 소파 하나를 산 이야기가 아니었다. 고탱이 이사를 결심했던 순간, 그리고 우리 수준엔 과하게 비쌌던 그 빨간 소파를 들여놓은 일까지, 모든 선택이 웃소를 오래 이어가고 싶다는 간절함의 증표였다.

그때 우리는 확신까지는 아니어도 희미한 믿음 하나를 품고 있었다. 꾸준히 콘텐츠를 만들면 언젠가는 잘 될거라는 믿음. 그러나 예상과 달리 크게 터지는 콘텐츠는 없었고, 나 뿐만 아니라 다른 멤버들도 점점 한계를 느끼고 있었다.

"우리 영상 발행 수가 너무 적은데?"
"다들 처음이라 아무래도 오래 걸려서 그렇지…"
"뭔가 재미가 부족한데… 어디를 어떻게 살릴까?"

우리는 인정할 수밖에 없었다. 우리가 조금 더 멀리 가기 위해서는 조금 더 '잘 아는 사람'이 필요한 시점이라는 것을. 기술과 감각을 겸비한, 무엇보다도 '재밌는 걸 진심으로 좋아하는' 누군가가 필요했다. 그리고 마침내 고탱이 운명처럼 한 사람을 찾았다.

"서울 영상 고등학교를 졸업해서 프리랜서로 활동하는 친군데, 지난 번에 영상 고등학교 강연 갔을 때 한번 만났어. 이름은… 우감독?"
"본인 이름에 감독 호칭을 붙일 정도면 잘 하겠네."

우디는 자기만의 영상을 꾸준히 만들어 온 사람이었다. 유튜브와 페이스북에 게임 실사판 영상을 올렸고, 사람들이 상상은 하지만 만들 생각은 하지 못했던 기획들을 실제로 만들기를 좋아하는, 그야말로 영상에 진심인 사람이었다. 우리처럼 웃긴 것도 좋아하지만 그걸 만드는 방식이 조금 더 정교하고 체계적인 듯 했다.

우디를 처음 만난 건 2015년 가을. 사무실 근처 이자카야에서 고탱은 해리, 나와 함께 우디에게 연어회를 대접했다. (참고로 연어회는 웃소 초창기 기준 최고급 외식이었다!) 겉으로는 영상 제작 의뢰를 위한 만남이었을지 몰라도 고탱 성격이라면 실제로는 우디라는 사람을 속속들이 알아보기 위한 자리였을 것이다. (그러니까 연어도 사줬겠지.)

처음에는 우디에게 '고탱의 비디오' 광고 협업을 제안했다. 우디의 전문성을 살려서 좀 더 퀄리티 있는 영상을 함께 만들어보자고. 우디는 기술뿐만 아니라 아이디어와 센스도 대단했고, 그리고 무엇보다 영상을 만드는 것을 정말 사랑하는 사람이었다. 우리에겐 그런 사람이 필요했다. 전문성을 가지고 우리를 이끌어줄 수 있는 사람. 그리고 우리처럼 크리에이티브한 일을 진심으로 즐기는 사람.

그날 이후로 우디는 몇 번 더 우리 사무실에 방문했다. 거의 열 살 차이가 나는 형들과 참 잘 지내는 게 신기하다는 것이 우디에 대한 내 첫인상이었다. —물론 난 우디와 어색해서 별 얘기는 못 했지만— 애니메이션 이야기를 서슴없이 하거나, 본인이 관심있게 보는 크리에이터를 우리에게 소개하며 우디는 우리와 조금씩 가까워졌다.

우디는 우리가 막연하게 생각만 했던 것들을 구체적으로 실현할 수 있는 방법을 제시했다. 우리는 점점 우디에게 확신을 가지기 시작했고, 단순한 업무 파트너가 아니라 우리 팀의 일원이 되어야 한다고 느꼈다. 그렇게 몇 번의 협업 이후 고탱은 우디에게 정식으로 제안했다.

"웃소 멤버로 일해볼래?"
"오!"
(우디 특유의 한 템포 쉬어가는 리액션)
"좋습니다!"

웃소는 친구들끼리 만나 시작한 팀이었던지라, 외부에서 새로운 사람이 들어오는 데엔 당연히 경계심이 있었다. 우리만의 방식이 있었고, 익숙한 리듬이 있었기에 외부인의 개입은 어딘가 불편할 것 같았는데, 우디는 그런 틈 사이를 쏙 들어오더니 어느새 자연스레 자리를 잡았다.

우디가 합류하고 사무실에 출근하는 멤버는 고탱, 우디, 나 이렇게 셋뿐이었다. (그 당시 선바는 개인 방송을, 해리와 디투는 알바를 병행하느라 출근이 어려웠다.) 우리는 삼각대가 없어 빨랫대에 대충 카메라를 올려놓고 찍기도 했고,

우리뿐만 아니라 모두가 기억하는
그 빨간 소파.

책상을 옥상으로 옮겨 악플 읽기 촬영을 하기도 했다. 사무실에 둘러앉아 함께 기획하고, 각자 흩어져 편집하다가 웃긴 장면이 나오면 "이거 봐." 하며 보여주고, 한바탕 웃은 뒤 다시 자리에 돌아가 편집을 이어갔다. 밤이 되면 근처 새로 생긴 피자집에서 피자를 사 와 함께 먹었고, 어떤 날은 아무것도 안 하고 '굶지마' 게임만 하다가 해가 지기도 했다. 그 시절엔 일과 일상의 경계가 없었기 때문에, '일'이라기보단 '같이 뭔가를 만든다'는 느낌이 더 강했다. 마치 작은 배에 세 사람이 남아 어디로든 노를 저어야 하는 기분이었다.

그러던 어느 날 우디가 조심스럽게 말했다.

"고탱 형, 저 벽에 칠판 하나 붙여도 돼요?"

처음엔 농담인 줄 알았다. 얘는 무슨 생각으로 월세로 임대한 사무실 벽지에 칠판을 붙이자고 하는 걸까. 나는 "칠판을… 어떻게 붙여요?" 하고 물었다. 솔직히 무모하다고 생각했다. 그런데 우디의 얼굴을 보니 이미 다 계획을 마친 표정이었다.

"못을 박거나 필요하면 실리콘 두르면 되지 않을까요?"

어쩐지 거절할 수 없는 눈빛이었다. 그리고 며칠 뒤, 우리의 빨간 소파 옆 벽엔 커다란 칠판이 붙었다. 우디는 그 위에 달력을 그리고 영상 업로드 일정, 촬영일, 회의 날짜까지 적었다.

"앞으로의 기획이나 촬영에 도움이 될 것 같아요."

그 이후 우리의 작업 방식은 조금씩 달라지기 시작했다. 시각적으로 공유되는 일정 덕분에 우리 셋은 조금 더 정돈된 리듬을 갖게 됐고, 촬영 준비도 체계적으로 이루어졌다. 우디 말 대로 시간이 지나자, 칠판은 완전히 우리의 두뇌가 되어 있었다.

우디에게 칠판은 '일 잘하는 사무실의 상징'이었을까? 그래서인지 아직도 우디는 사무실을 이사할 때마다 제일 먼저 칠판부터 산다. (근데 쓰던 거 계속 쓰면 되지 않아 우디?) 물론 당시에도 다른 멤버들은 있었지만, 대부분 촬영 날에만 왔기 때문에 웃소의 일상적인 리듬을 만들어간 건 사실상 우리 셋이었고, 서로의 빈틈을 채워주며 웃소를 조금씩 단단하게 만들었다.

우디는 그 이후로 자연스럽게 자신의 역할을 찾아갔고, 때때로 우리를 이끄는 리더십도 보여줬으며, 다른 멤버들과의 호흡도 무척 잘 맞았다. 우디가 처음 웃소 사무실 문을 열고 들어왔을 때만 해도 이렇게 오래 함께할 거라고는 생각하지 못했는데. (사실 웃소 자체가 10년 가까이 이어질 줄도 몰랐고.) 그런데 돌아보면 우디는 늘 그 자리에 있었다. 처음엔 손님 같던 친구였고 든든한 막내였으며, 지금은 없어선 안 될 소중한 멤버가 되었다. 이제는 새로운 프로젝트를 맡길 때면 걱정보다는 기대가 더 크다. 이런 신뢰가 생겼다는 건, 우디가 얼마나 꾸준히 좋은 결과로 우리를 놀라게 해왔는지를 보여주는 증거다.

치킨 1마리로
7명이 먹는 법

여러 유튜브 채널을 돌며 PD 역할을 하던 내가 웃소와 함께 하게 되었다. 늘 해왔던 것처럼 영상을 찍고 만들어주면 되는 줄로만 알았는데, 이번엔 분위기가 조금 다르다. 멤버로 함께 하자는 제안을 받았기 때문이다.

'이제 나도 유튜브에 출연해서 웃고 떠들고 재미있는 걸 하는 건가?'
'그럼 어렸을 때부터 꿈꿔왔던 유명한 사람이 될 수 있을 지도 몰라!'

카메라 앞에 서는 것에 나도 은근히 욕심이 있었기에 웃소와 함께 하는 건 절호의 기회라고 생각했다.

첫 출근 날, 설레는 마음을 가득 안고 사무실로 향했다. 문을 열자 먼저 와있던 해리가 반갑다며 환하게 웃으며 맞이해줬고, 성희와는 깍듯하게 인사를 나눴다. 조금 뒤늦게 도착한 고탱은 서둘러 짐을 풀고, 푹신한 빨간 소파에 모여 앞으로 잘해보자는 이야기를 나눴다.

내가 생각한 웃소는 일이 많아 바빠 촬영을 할 줄 알았는데, 예상과 달리 사무실은 매우 여유로웠다. 고탱이 잠시 외근을 나간 동안 해리와 성희, 그리고 나는 개미 지나가는 소리가 들릴 정도로 조용히 있었다. 부탁하는 일도 없고 스스로 일을 찾는 법도 몰랐기에 그저 바탕화면의 아이콘을 정리하며 고탱이 돌아오길 기다렸다.

'빨리 영상 찍고 올려서 유명한 사람이 되어야 친구들한테 잘 나가는 사람처럼 보이는데….'

해가 뉘엿뉘엿 넘어갈 때쯤, 고탱이 광고 미팅을 마치고 돌아왔다. 나는 미팅의 결과가 좋을 것이라 예상하고 반가운 마음으로 뛰쳐나갔다.

'이제 일이 시작되는 건가? 회의도 하고 촬영도 하고?'

나의 가슴팍에선 열정의 불씨가 활활 타오르고 있었던 반면, 고탱은 머쓱한 분위기로 이야기를 꺼냈다.

"이번 광고는 진행 못 하게 됐어. 기획안은 잘 쓴 거 같은데 그쪽에서 생각하던 거랑 좀 다른가 봐."

해리와 성희가 대수롭지 않게 답했다.

"그래? 진행할 것처럼 얘기하더니."
"괜찮아. 수고했어, 고탱. 다음에 잘하면 되지."

고탱이 웃소에 들어와서 같이 해보자고 얘기했던 그 일이 불발됐구나! 나름 기대했던 작업이었는데 아쉬움이 남았다. 머쓱해진 고탱이 급하게 대화 주제를 바꿔 이야기를 꺼냈다.

"우감독! 너가 이제 웃소 영상에 출연하면 해외 팬들도 널 알게 될 텐데, 부르기 편한 영어 이름이 있어야 할 거 같아."
"'디렉터 우'로 하면 안 되나요?"
"음…. 조금 긴 것 같은데…. 디투, 해리처럼 두 음절로 된 이름이 필요해."
"오, 한번 고민해 볼게요!"

내가 아는 영어 이름이라곤 영어 캠프 갔을 때 받았던 'Gavin' 뿐이라 나는 깊은 고민에 빠졌다. 그러던 중 고탱이 먼저 말을 꺼냈다.

"내가 이름을 고민해봤는데…. 우디는 어때?"

우디? 지금이야 익숙하지만, 그 당시엔 너무나 생소한 이름이었다.

"오, 좋습니다!"

일단 좋다고 했다. 다른 아이디어도 없었고 우감독이나 우디나 같은 '우씨'니까. 이후 몇 편의 영상을 만들어 올리다 보니 어느새 댓글에서 사람들이 자연스럽게 우디라는 이름을 불러주기 시작했고, 유튜브 검색창에 '웃소'를 검색하면 자동 완성으로 '웃소 우디'가 뜨기도 했다. 아주 사소한 순간이었지만 그때 비로소 '내가 정말 웃소의 멤버가 되었구나' 하고 실감했다.

그렇게 나의 첫 출근날은 우디라는 이름과 깔끔하게 정리된 바탕화면만 남긴 채로 끝이 났다. 어차피 일거리는 금방 또 들어올 것 같았기에 상실감을 느낄 정도는 아니었지만, 나의 예상과 달리 웃소에게 광고는 꽤 오랫동안 들어오지 않았다.

|||||||

웃음코뿔소는 물론 고탱의 비디오도 한동안 잠잠했다.

대만을 비롯해 스페인어권, 영어권 등 웃소의 글로벌 채널을 운영해 페이스북 팔로워를 80만 명 이상 모았지만 거기서도 아무런 수입이 없었다. 세상 물정 몰랐던 그 당시의 나조차도 '이렇게 벌이가 없으면 웃소는 어떻게 유지되는 걸까?' 싶었다.

사무실에 모여 일을 하는 건지 먹고 노는 건지 불명확한 우리의 모습은 마치 현실 시트콤과 같았다. 돈이 벌리든 안 벌리든 일단 모여서 콩 한 쪽도 나눠 먹으며 지내고 있는 모습이 마치 함께 보릿고개를 넘어가고 있는 가족의 모습이었다. 나는 이 모습이 나름 자랑스러웠다. 그래서 사람들에게 보여주고 싶었다, 이렇게 지내는 팀도 있다는 것을! 물론 '시간이 남으니까 뭐라도 만들자.' 라는 생각이기도 했다.

"고탱 형, 내일 찍어보고 싶은 게 있는데…"
"어 그래? 좋지. 어떤 내용이야?"
"지금 웃소가 지내고 있는 모습을 드라마처럼 보여주는 거예요. 고탱이 나레이션으로 설명해 주면서…"

그렇게 찍게 된 영상이 바로 웃소 초창기의 분위기를 고스란히 담은 짧은 웹 시트콤 형태의 '웃소 이야기'다. 촬영 당시엔 내가 대체 뭘 찍는다는 건지 다들 의구심을 품었던 것 같은데, 완성된 영상을 보고 난 뒤엔 너도나도 이런 장면을 담자며 의견을 냈다.

알뜰살뜰, 소박하게 지내는 우리의 모습을 영상으로 남기는 일은 막막한 현실 속에서도 작은 희망이었다. 등장인물들은 늘 역경을 이겨내고 원하는 걸 얻어내기 마련. 우리도 이 이야기를 이어가다 보면 그렇게 되지 않을까? 내가 웃소 이야기를 만들었던 이유는 현실을 그대로 살고 있던 우리가 더 행복해지길 바라는 염원이 아니었을까?

'치킨 먹을 때 꼭 있는 유형' 영상에서는 '치킨 2마리를 7명이 먹는 웃소' 밈이 탄생하기도 했다. 사람은 일곱인데 치킨은 두 마리. 그런데 고탱이 닭다리를 두 개나 집어먹는다. 과장된 연출처럼 보이지만 이는 실화를 기반으로 짜인 내용이었다. 오히려 과장된 부분은 치킨이 두 마리인 점. 평소엔 한 마리만 시키지만, 촬영을 위해 과감히 두 마

모두가 농담인 줄 알았겠지만,
놀랍게도 정말 치킨 1마리였다.

리를 주문했다. 그리고 모두 마음 속으로 NG없이 촬영이 끝나기만을 바랄 정도로 웃소의 상황은 녹록지 않았다.

당시 우리들의 낭만과 즐거움은 무엇과도 견줄 수 없었지만 주머니 사정만큼은 현실적이었다. 우리는 점심 밥값을 아끼기 위해 주변에서 가성비 좋은 식당은 모두 다녀 보았다. 그중에 구청 식당에서 식권을 구매하는 것이 가장 저렴했는데, 오고 가는 시간과 줄 서는 시간이 너무 오래 걸려서 조금 더 나은 방법을 찾고 싶었다.

하루는 성희가 핸드폰을 열심히 보더니 눈을 번뜩이며 이야기를 꺼냈다.

"이거 봐! 반찬을 배송해 주는 서비스가 있어. 쌀만 있으면 사무실에서 밥을 해 먹을 수 있겠다!"

사무실에 일하러 모인 사람들이 직접 쌀을 씻고 밥을 지어서 점심밥을 열심히 해 먹는다는 건 일반적이지 않지만, 이것이 절약을 위한 가장 좋은 선택지였다. 그날부터 우리는 일주일 치 반찬을 배송받아 냉장고에 차곡차곡 넣어두었다. 7가지 반찬을 시키면 그중 두 가지는 메인급 반찬, 나머지는 밑반찬으로 구성을 짜고, 돌아가면서 점심 당번을 맡아 밥상을 차리고 설거지를 했다. 일이 늦게 끝나는 날엔 그 반찬으로 저녁까지 먹고 퇴근하기도 했고, 어느 날은 밥을 먹으며 겸사겸사 ASMR도 만들어 봤다. 그렇게 유튜브 최초의 '망한 ASMR 영상'이 탄생했다. (아마 우리가 최초가 맞을 거다.)

멤버 모두가 촬영을 하는 날엔 밥그릇이 부족해 모두가 제대로 식사하긴 어려웠다. 그럴 땐 늘 피자스쿨을 애용해야만 했다. 어느 날은 저녁까지 이어진 촬영을 마치고 다들 배가 고파 지쳐 있었다. 하지만 외식을 하자니 부담스러워, 오늘도 어김없이 "그냥 각자 집 가서 먹자"는 분위기가 감돌았다. 그런 우리를 안쓰럽게 바라보던 한 사람이 조용히 카메라 앞에 섰다.

"안녕? 난 쿡소 1회 요리사, 디투맛스타라고 해~"

사무실에 올 때마다 늘 간식을 사 왔던 디투. 어느 날은 저녁을 선보이겠다며 짜파게티와 너구리 라면을 가지고 왔다. 나는 신나서 갑자기 이걸 찍겠다고 했고, 다들 디투의 요리가 빨리 먹고 싶어서 그 어느 때보다 일사불란하게 움직였다. 이렇게 얼렁뚱땅 시작된 쿡소 시리즈는 모두가 기다리는 촬영이 되었다. 맛있는 음식도 먹고 촬영도 하고 그야말로 일석이조! 사무실에서 밥을 해 먹는 건 아주 익숙한 일이었기에, 자신 있는 요리와 실험적인 요리 등 많은 음식을 해 먹었다. 쿡소에서 가장 맛있었던 음식에 대해서 요즘도 대화를 나눈다. 그러나 그 맛의 대부분은 당시의 허기짐과 함께 배불리 먹는다는 기쁨으로 채워져 있기에 뭐가 더 맛있었던 음식이었는지는 우열을 가리기 힘들다.

이 이야기는 쿡소의 탄생으로 저녁을 때웠다는 것에서 끝난다. 7명이 치킨을 2마리 이상 시켜 먹는 사치를 부리기엔 지갑 사정이 크게 달라지지 않았기에 여전히 우리는 고탱이 닭다리를 다 가져가진 않는지 주시해야만 했다.

게스트 태훈

우리 형은 페이스북 스타였다. 학창 시절부터 짧은 동영상을 찍어 올리더니, 어느새 바이럴의 중심에 서 있었다. 방 안에서, 부엌에서, 때로는 사람들이 많은 뷔페에서, 심지어 지하철에서도 마음껏 자신의 끼를 펼쳤다. 신나게 촬영하는 형 앞을 나는 매번 조용히 지나쳤다. 간혹 까메오 동생으로 얼굴을 비춘 적은 있었지만, 나는 수능 점수에 맞춰 IT 학과에 재학했고, 경제학을 복수 전공하며 금융권 취업에 대한 꿈을 키워가고 있었기 때문에 형은 '나와는 다른 세계'라고 생각했다.

형이 나에게 말을 건 그날도 평범했다. 누구나 그렇듯 있는 이야기, 없는 이야기 다 끌어다 붙여 고심하며 자기소개서를 작성하고 있을 때 방문이 벌컥 열렸다.

"태훈아, 너 요즘 뭐 준비한다고 했지?"

갑작스러운 형의 질문에 조금 얼떨떨하게 대답했다.

"금융권 취업 준비하고 있어… 뭐 이것저것."
"홈페이지 좀 만들 줄 알아? 너 IT 전공이잖아. 웃소 홈페이지를 좀 만들고 싶은데. 겸사겸사 세무 쪽도 좀 도와주면 좋고."

그 순간 머릿속에 가장 먼저 떠오른 생각은 '이게 혹시 스펙이 될 수 있을까?'였다. 웹사이트 제작이 금융권 취업에 직접적인 도움이 되진 않겠지만, 그 시절은 핀테크와 인터넷은행이 주목받던 때였다. 어쩌면 IT 융합형 인재처럼 보일지도 모르겠다는 생각이 들었다. 아니, 아마도 자소서에 쓸 한 줄이 절실한 상황이었을 거다.

"어… 한번 해볼 수 있을 것 같아."

학교에서 웹 개발 수업을 들었던 기억이 떠올랐다. 3년 전 일이긴 했지만, 그때 배운 걸 끄집어내서라도 어떻게든 해내야 할 것 같았다.

"그럼 한번 사무실 와 볼래?"
"그래."

처음 방문한 웃소 사무실은 내가 그려왔던 '사무실'과는 전혀 다른 모습이었다. 10평이 채 되지 않아 보이는 오피스텔, 한 가운데 놓인 빨간 소파, 그리고 그 앞에 작은 책상 하나. 오랜만에 만드는 홈페이지였기에 수업 자료를 꺼내보고, 심지어 현업에 있는 친구들에게도 조언을 구했다. 나는 능력 있는 신입사원처럼 보이고 싶은 마음에 기능도 디자인도 공들여 만들면서 그렇게 매주 수요일마다 웃소에 나가기 시작했다.

그 당시 웃소의 형태는 조금 독특했다. 출퇴근 시간이

랄게 딱히 정해져 있지 않았고, 자유롭게 사무실로 사람들이 오갔다. 맡은 업무가 있다기보다 어떻게든 일을 만들기 위해 노력하는 모습들이 인상적이라고 할까? 내가 웃소에 나가기 직전에는 대만에서 팬 미팅을 하고 오기도 했단다. 팬 미팅…? 아직 나는 이해할 수 없는 영역이었다. 그 당시 팬 미팅이라고 하면 유명 아이돌이나 배우들이 어마어마한 콘서트홀을 빌려 하는 것이라고만 여겼는데. 조금씩 웃소가 궁금해지기 시작했다.

웃소의 '촬수'는 특별했다. '촬수'는 촬영하는 수요일이라는 뜻인데, 아침에 홈페이지 작업을 하고 있으면, 하나둘 촬영 멤버들이 모여들었다. 당시 웃소는 각자의 친구들부터 크리에이터들까지 다양한 사람들이 출연하고 있었고, 유튜브 영국남자 채널의 조쉬와 올리, 보물섬 채널의 멤버들까지 그 작은 사무실로 방문하곤 했다.

"이분은 누구…?"

사무실에 방문한 사람들은 웃소 채널에 출연하지 않던

나를 꽤 많이 궁금해했다.

"고탱의 친동생이에요! 이것저것 일 좀 도와주고 있어요."

그때 나는 고탱의 친동생이라는 것 말고 달리 나를 소개할 방법이 없었다. 내 자리를 만들 만큼 공간이 충분하지 않았기 때문에, 빨간 소파에서 업무를 보던 나는 촬영이 시작되면 바닥으로 비켜 앉아 조용히 그 모습을 지켜보거나, 재채기라도 나오면 마이크에 잡힐까 봐 작은방으로 후다닥 들어갔다. 카메라 액정 너머로 보이는 멤버들의 모습은 정말 즐겁고 활기차 보였다. 그리고 촬영이 끝나면 나는 다시 빨간 소파로 돌아와 홈페이지 작업을 이어갔다.

그러던 어느 날, 형이 말했다.

"태훈아, 같이 보드게임 한 판 할래? 카메라는 별로 신경쓰지 않아도 돼."

촬영이 끝나야 태훈은
다시 자리에 앉을 수 있었다.

나의 역사적인 웃소 첫 출연, 〈뱅〉이라는 보드게임 플레이 영상이었다. 서로 캐릭터를 맡아 총알 카드로 공격하는 게임인데, 단순한 보드게임도 웃소가 플레이하면 180도 달라졌다. 모두가 각자 캐릭터에 몰입해 성대모사까지 하니 마치 하나의 단편극을 보는 것 같았지만…. 그때까지만 해도 나는 정말 조용히 있고 싶었다. 그러다 내 캐릭터를 소개할 차례가 되었다.

"나는 시드 케첨. 카드 두 장을 버려 생명력을 회복할 수 있지…."

들릴 듯 말 듯한 목소리로 소개를 마쳤다. 솔직히 쑥스러웠다. 그때 디투가 말했다.

"시드 케첨처럼 해주세요~"

그 한마디에 나도 캐릭터 연기를 해야했다. 무려 생애 첫 연기. 아니, 성대모사에 가까웠을까? 민망했지만 묘하게 재미있었다. 그렇게 웃소 카메라 앞에 처음으로 서게 됐고, 그 후로도 우디는 "손만 나오면 돼요~" 혹은 "맛있게 갈비를 먹기만 하면 돼요~"라며 은근슬쩍 내 출연을 늘려갔다.

웃소 영상에 출연하고 영상이 올라가면 댓글을 보는 게 정말 재밌었다. 누군가 영상에 나온 나를 보고 웃어주고, 반응해 준다는 게 이렇게 기쁜 줄 몰랐다. 이건 웃소가 아니었다면 평생 몰랐을 감정이었다. 진지하면서도 허당스러운 내 모습을 사람들이 좋아해주는 동시에 카메라 앞이 낯설고 말도 잘 못하는 그 어색함은 내 캐릭터가 되었다.

촬영 현장에선 서로의 대사가 겹치지 않도록 자연스럽게 눈치를 보게 되는데, 나는 유난히 그런 분위기에 더 민감했다. 말을 꺼내려다 "어… 음…" 하며 다시 속으로 넣는 일이 잦았던 나머지 카메라 앞에서 침묵하는 건 묘하게 눈에 띄었고, 그런 내 모습을 영상으로 다시 본다는 건 꽤 낯설고도 특별한 경험이었다. 평소에는 전혀 인식하지 못하던 말투나 습관이 화면에 고스란히 드러났고, 덕분에 점점 고쳐나갈 수 있었다. 어찌 보면 매번 새로운 면접을 보는 기분이었다. 그리고 이런 자기 점검의 과정은 분명히 금융권 취업 준비에도 큰 도움이 될 거라 생각했다. 하지만 그 무렵, 문득 현실과 마주했다.

'맞아, 나는 지금 취업 준비생이지….'

웃소는 수입이 거의 없는 상태였고, 해리나 디투도 그 이유로 아르바이트를 병행하고 있었다. 수요일마다 웃소에 나와 즐겁게 깔깔거리며 웃고 있었지만 모두에게는 각자의 고민이 있었다. 그 당시 디투도 궁금했는지, 태훈이는 월급을 받고 다니는 거냐며 묻기도 했다.

전혀 생각해 보지 않았던 부분이었다. 그저 형과 친구들과 보드게임을 하고 취미활동을 하는 것이지, '웃소가 내 직업이 될 수 있을까?', '내가 크리에이터가 될 수 있을까?'라는 생각은 머릿속에 없었다. 하지만 언제까지 이렇게 지낼 수 있을까? 다시 취업에 전념해야 하는 거 아닐까….

어느 날 형에게 물었다.

"형, 웃소는 앞으로 어떻게 될 것 같아?"

나의 걱정과 달리 형은 단호하게 말했다.

"잘될 거야. 우리 열심히 하면, 분명 성공할 수 있어."

그 말에 이상하게 마음이 놓였다. 형은 진심으로 웃소가 성공하길, 함께하는 모두가 행복하길 바라고 있었다. 그 이후로 나도 조금씩 웃소를 진짜 '나의 직업'으로 생각하게 됐다. 그렇게 웃소 사무실로 나간 지 1년하고 1개월쯤 지났을 무렵, 드디어 내 통장에 '월 급여'라는 이름으로 돈이 들어왔다. 금액은 아르바이트 수준이었지만 나에게는 너무나 소중하고 감동적인 순간이었다. 내가 일해서 번, 나의 첫 월급이었다.

"다들 이 돈으로 뭐 할 거야?"

고탱이 물었다.

"저는 사고 싶었던 크리에이터 굿즈가 있었는데 벌써 질렀어요."
"나는 옷 쇼핑하러 갈 거야."

우디와 성희가 대답했다.

"태훈이는?"
"나는 내 돈으로 소고기 한번 사 먹고 싶어! 맨날 친구들한테 얻어먹기만 해서…."

그리고 그날 저녁 정말 원 없이 소고기를 먹었다. 유독 살살 녹고, 역대급으로 맛있었다. 결제할 때 조금 떨리긴 하더라. 어디에나 있을 법한 평범한 고깃집이었는데 뭐가 그리 맛있었을까? 그간의 걱정이 잠시나마 녹아 내려서였던 것 같다. 그렇게 웃소와 나는 새로운 이야기를 함께 써 가기 시작했다. 게스트 태훈은 그렇게 웃소가 되었다.

갑작스럽지만
드릴 말씀이 있습니다

태훈이가 합류하고 나서 웃소는 조금씩 변화했다. 2018년 초, 오류동에 얻은 사무실의 월세는 80만 원. 그리 비싸진 않았지만 그 당시 우리에게는 부담스러운 금액이었다. 우리의 월수입이 안정적으로 유지된다는 보장이 없었으니까. 사무실 월세를 내고 나면 남는 돈으로 멤버들에게 급여를 주기가 빠듯했다. 가끔 큰 광고가 들어오면 그걸로 버텼지만, 그것도 한계가 있었다.

"우리가 한 달에 500만 원만 벌면, 그러면 유튜버가 직업이라고 이야기할 수 있을텐데…."

그런 말을 농담처럼 주고받았지만, 사실 무엇보다 진지한 바람이었다. 우리에게 아무 문제가 없는 듯 웃으며 영상을 찍으면서도, 수익 문제는 마치 '방 안의 코끼리'처럼 우리 모두를 불편하게 했다. 그런 상황이 지속되니 우리 관계에도 어려움이 생겼고, 예민해지고, 작은 것에도 스트레스 받기가 일쑤였다.

해리는 구청에서 파트타임으로 일하기 시작했고, 디투는 비행기를 조종하는 파일럿에 도전해 보겠다며 자리를 비웠다. 초창기 멤버인 그들이 자리를 비우는 날이 많아지면서, 웃소의 제작 환경은 더욱 어려워졌다. 웃소의 운영은 점점 더 나와 성희, 그리고 우디에게 집중됐고, 당시 우디는 '쿡소'를, 성희는 '호불호' 콘텐츠를, 나는 '유형' 영상을 주로 맡아 셋이서 돌아가며 영상을 편집했다.

어느 날 아침, 우디에게 연락이 왔다. 수화기 너머로 들리는 우디의 목소리는 좋지 않았다.

"고탱 형, 미안한데요… 저 다음 주는 좀 쉬어도 될까요?"

"오? 그래, 당연하지. 왜? 몸이 안 좋아?"
"아니… 그냥 좀… 지친 것 같아요."

그 말을 듣고 나는 깊은 생각에 빠졌다. 우디도 지쳤구나. 아마 다른 멤버들도 비슷한 감정을 느꼈을 것이다. 미래가 어떻게 될지 모른 채 일주일에 세 개의 콘텐츠를 빠짐없이 촬영하고, 편집하고, 업로드하는 일을 반복하는 것은 쉬운 일은 아니었다. 만나서 웃을 때는 즐거웠지만 틀어박혀 매일 같이 편집하다 보면 어딘가 아득해지곤 했다. 누구라도 지칠 수밖에 없는 상황이었다.

그날 밤, 성희와 둘이서 오랜 시간 이야기를 나눴다. 우리가 이대로 계속해야 하는지, 아니면 잠시 멈춰야 하는지. 성희의 조언은 명확했다.

"고탱, 우리 모두 잠시 쉬어야 할 것 같아. 한 달 정도 온전히 쉬면서 각자 생각해 보자. 그리고 다시 모이자."

처음엔 그 제안이 영 내키지 않았다. 함께 해보자고 의 기투합했던 그 시간이 그대로 무너지는 것 같았다. 상황을 핑계삼아 그냥 도망가는 것은 아닌가 하는 생각이 문득 들었지만 침착하게 생각하니 성희의 말이 맞았다. 우리 모두 휴식이 필요했다. 쉬지 않고 계속 달리다가는 결국 모두가 지쳐서 웃소를 떠나게 될지도 모른다는 생각에 차라리 지금 잠시 멈추고, 다시 시작할 힘을 모으는 것이 좋겠다고 판단했다.

다음 날, 우리는 다른 멤버들에게도 이 생각을 전했다. 모두가 동의했고 우리는 한 달 동안 웃소 활동을 쉬기로 결정했다. 이제 남은 일은 어떻게 이 소식을 시청자들에게 전할 것인가였다. 고민을 거듭하다 지금 우리의 상황을 차분히 설명하는 것이 정답이라 생각하고 방학 공지 영상을 만들기로 했다.

유튜브에 올린 영상의 제목은 "갑작스럽지만, 드릴 말씀이 있습니다."였다. 지금까지 웃소를 응원해 준 시청자들에게 감사 인사를 전하고, 한 달 후에 더 좋은 모습으로 돌아오겠다는 약속을 하며 각자의 생각을 솔직하게 말했

다. 하지만 솔직히 말하면, 그때 나는 웃소가 정말 다시 시작할 수 있을지 확신이 없었다.

그렇게 2018년 3월부터 웃소의 휴식이 시작됐다. 한 달동안 웃소를 쉬자니 갑자기 허전해졌다. 별의별 생각들이 밀려왔다. '나는 뭘 하고 싶었더라?', '지금까지 난 뭘 하고 있었을까?', 곰곰이 생각해 볼 수록 영상을 만드는 일은 내게 너무도 즐겁고 행복한 일이었다. 처음처럼 온라인 동영상으로 사람들을 만나고 그 속에서 내가 배울 수 있다면 그것만으로도 좋았다. 그러나 이런 마음만으로는 충분하지 않았다. 다른 멤버들도 나와 같은 마음일까? 그들에게도 웃소는 그만큼 중요한 존재일까? 무엇보다 우리가 함께 만들어온 이 채널을 이대로 계속 이어 나갈 수 있을까? 모든 것이 물음표였다.

나는 이런 의문들을 풀기 위해, 휴식 기간동안 멤버들과 따로 만났다. 특히 해리와 디투를 만나는 것이 중요했다. 둘은 웃소 중에서 나이가 많은 편인 만큼, 현실적인 부담도 클 수밖에 없었다. 취업에 대한 걱정, 미래에 대한 고민, 가족의 기대까지… 그 모든 것이 이들에게는 더 무겁게 느껴졌을 것이다.

어느 쌀쌀한 저녁, 나는 해리와 디투를 불러 소주 한 잔을 기울였다. 오랜만에 셋이서 마주 앉으니 디투네 옥탑방에서 늦게까지 시간을 보내던 때가 생각났다.

"요즘 무슨 생각해?"

내가 물었다.

"고민이 많지, 나이도 있고. 이제는 안정적인 일을 찾아야 할 것 같기도 한데…. 근데 솔직히 말하면 웃소를 놓기는 싫어."

해리가 소주잔을 비우고 대답했다.

"나도 그래. 웃소는… 생각하면 애틋하지. 잘 됐으면 싶고."

디투도 비슷한 마음이었다.

그 말에 가슴이 따뜻해졌다. 그동안 진지한 대화를 할 기회가 없어서 잘 몰랐는데, 해리와 디투가 웃소를 이렇게나 진지하게 생각하고 있다는 것을 말로 들으니 없던 힘이 생기는 듯 했다. 적어도 이들도 웃소를 포기하고 싶지 않다는 것을 알게 됐으니까.

"그러면 어떻게 하면 좋을까? 이대로는 우리 모두가 웃소로 생계를 꾸리기는 힘들어 보이는데."

잠시 침묵이 흐르던 그때 디투가 입을 열었다.

"내 생각에는… 우리가 잘하는 것에 집중해야 할 것 같아. 지금까지 우리가 가장 성공적이었던 콘텐츠가 뭐였지?"
"유형 영상."

해리가 넌 그것도 모르냐는 듯이 대답했다. 그래, 유형 영상은 우리의 대표 콘텐츠지. 웃음소리 유형, 치킨 먹을 때 유형, 계단 내려가는 유형 등 이런 일상적인 행동을 우리만의 방식으로 재해석해 보여주는 영상이 시청자들의 큰 공감을 얻고 있었다.

"유형 영상을 더 집중적으로 만들어보는 건 어때? 지금까지는 그냥 생각나는 대로 만들었는데, 이제는 조금 더 체계적으로 접근해 볼 수 있지 않을까?"

해리의 제안에 디투도 고개를 끄덕였다.

"맞아. 그리고 지금까지는 주로 학생 시청자들을 대상으로 했는데, 조금 더 다양한 연령층이 공감할 수 있는 주제도 해볼 수 있을 것 같아."

그 말들이 내 머릿속에서 맴돌았다. 둘의 제안은 합리적이었다. 우리의 강점인 유형 영상에 더 집중하되 좀 더 체계적으로 접근하고, 대상 시청자층도 넓히자는 것. 이 간단한 전략이 우리에게 새로운 방향을 제시해 주는 것 같았다.

"그래, 한번 해보자! 여태까지 나왔던 유형 아이디어를 죄다 찍어보자. 유형 영상에 올인해보는 거야. 그렇게 한 달 해보고 어떻게 될지는 그 이후에 생각하자."

그렇게 우리는 술잔을 부딪쳤고, 새로운 시작을 다짐했다.

한 달의 휴식을 마치고, 우리는 다시 돌아와서 바로 다양한 유형 영상을 촬영하기 시작했다. 그중 '양치하는 유형'은 평범한 양치라는 행동 속에서도 사람마다 다른 특징이 있다는 점에 착안한, 정말 사소한 아이디어였지만 무작정 카메라를 들었다. 영상의 반응은 꽤 좋았다. 많은 시청자들이 우리의 복귀를 반겨주었고, 온갖 유형이 다 나온다며 재밌게 봤다는 반응들이 가득했다. 이런 반응을 보면서 우리의 선택이 틀린 건 아닌 것 같다는 생각에, 계속해서 다양한 유형 영상을 만들었다. '삼겹살 먹는 유형', '선생님 유형', '급식 먹는 유형'… 학생들의 소소한 공감 포인트를 재치 있게 재해석한 영상들이 시청자들의 사랑을 받았다. 그리고 어느 날, 누군가 한 가지 아이디어를 제안했다.

"요즘 배틀그라운드 게임이 정말 핫하던데, '배그할 때 유형' 영상을 만들어보는 건 어때?"

당시 배틀그라운드는 정말 인기 있는 게임이었다. 100명의 플레이어가 외딴섬에 떨어져 최후의 1인이 될 때까지 싸우는 생존 게임으로, 전 세계적으로 폭발적인 인기를 끌고 있었다.

"오, 그거 좋은데? 많은 사람들이 즐기는 게임이니까 공감대도 클 것 같고."

우리는 곧바로 '배그할 때 유형' 영상 제작에 착수했다. 태훈이가 평소에도 배그를 즐겨 했기 때문에, 게임에 대한 이해도가 높아 더 현실적이고 공감 가는 캐릭터들을 구상할 수 있었다. 배그를 해 본 사람이라면 누구나 공감할 유형들이었다.

"이거 꼭 넣어야 해! 자동차 타고 난리 치는 유형이랑, 자동차 한 번에 못 타는 유형."

2018년, '배그할 때 유형' 촬영 날.

촬영 과정은 즐거웠다. 우리 모두 각자의 캐릭터에 완전히 몰입해서 연기했고, 촬영 중에도 계속 웃음이 터졌다. 특히 다같이 배틀그라운드 시작 화면 속 캐릭터들을 그대로 따라한 인트로는 우리끼리도 몇 번씩 돌려보며 빵 터질 정도로 압권이었다. 편집에도 심혈을 기울였는데, 실제 게임 화면과 우리의 연기를 절묘하게 조합하고 게임 소리, 효과음, 자막 등 디테일도 신경 써서 넣었다. 남은 일은 영상을 유튜브에 업로드하고 기다리는 것이었다.

처음에는 평소와 비슷한 반응이었다. 조회수가 조금씩 올라가고, 댓글도 하나둘 달리기 시작했다. 하지만 시간이 지날수록 이전과는 뭔가 다른 느낌이었다. 6시간 후, 그 영상은 유튜브 인기 급상승 동영상 10위 안에 들어갔다. 12시간 후에는 5위로 올라갔고, 마침내 24시간 후, 놀랍게도 1위를 차지했다.

인기 급상승 1위라니! 처음에 내 눈을 의심했다. 이게 정말 우리 영상이 맞나? 확인하기 위해 여러 번 새로고침을 했지만, 우리 영상이 분명히 1위였다. 정말 믿기지 않았다. 나는 즉시 멤버들에게 연락했다. 다들 미칠 듯이 기뻐했다. 우리가 만든 영상이 인기 급상승 1위를 차지했다니! 이건 정말 상상도 못 한 일이었다.

"캡처해!"
"이거 기념으로 남겨야 해!"

그 순간을 영원히 기억하고 싶었다. 갑자기 우리를 발견해 주는 사람들이 하루아침 사이에 어마어마하게 늘었고, 이게 다 웬일인가 싶었다. 유튜브 인기 급상승 차트에 오르면, 유튜브에 들어오는 모두의 대문에 노출되는 격이었다. 지금까지 우리가 작은 홈파티를 열고 있었다면 그 파티가 갑자기 커다란 컨벤션 홀로 덩그러니 옮겨진 느낌이랄까.

어색한 느낌은 지울 수 없었지만 그 성공은 우리에게 꼭 필요한 순간이었다. 왜냐하면 우리에게 뿌듯한 자신감을 주었으니까. 우리가 헤매더라도, 늦더라도, 천천히 옳은 방향으로 가고 있다는 확신이 들었다. 순한 맛 콘텐츠지만 계속 찾게 된다는 말은 그야말로 우리에게 최고의 칭찬이었다. 무엇보다 이 성공이 우리가 한 달의 휴식을 마치고 돌아온 직후에 찾아왔다는 것이 특별했다. 마치 누군가 "너희 진짜 그만두려고?"라고 말하고 있는 듯이.

그 후로도 우리는 계속해서 유형 영상을 만들었다. '피구할 때 유형', '물놀이 하는 유형', '슬라임 만지는 유형'… 다양한 주제의 유형 영상들이 시청자들의 사랑을 받았다. 그중 몇몇은 또다시 인기 급상승 차트에 올랐고, 우리 채널은 계속해서 성장했다. 이제, 그 순간이 온 것 같았다. 여기가 진짜 우리의 무대인 것 같은 느낌을 받는 순간. 유튜브는 우리가 구독자들과 진심으로 만나는 우리의 무대였다. 그 무대에 오른 우리에게는 작지만 뿌듯한 책임감과 사명감, 그리고 우리의 콘텐츠를 사랑해 주는 시청자들에 대한 감사한 마음이 생겼다. 이제 비로소 진짜 시작이라는 느낌이 들었다.

100만을 향해

 웃소가 드디어 막혀있던 문을 뚫고 성장 가도를 달리게 되었다. 그동안의 고생을 보상받듯이 구독자는 늘어났고, 우리는 더욱 신나서 영상을 찍을 수 있었다. 올리는 영상마다 인급동에 들어가는 기적을 보았고 주변에서도 축하한다는 말을 많이 건네주었지만, 그 와중에 나는 웃소의 성공을 마냥 기뻐하진 못하고 있었다. 왜냐하면 나는 내 인생에 있을 거라 예상 못 했던 '제조업' 회사에 들어가서 말 그대로 '버티고' 있었으니까 말이다.

 물론 그 전부터도 '촬수'라고 해서 매주 수요일마다 함께 모여 촬영하는 시스템을 오랫동안 유지하고 있었기 때문에 나의 취업이 웃소에 큰 영향을 주지는 않았다. 그래도 마음가짐과 분위기가 조금 달라졌다. 함께 고생하며 미래를 위해 노력하는 팀이었는데, 갑자기 나만 이 험난한 모험에서 중도포기하고 하차하는 사람 같았다.

그렇다. 나는 웃소의 시작부터 다시 웃소에 돌아가기까지 웃소에 온전히 마음을 정착해 본 적이 없었다. 웃소를 하면서도 늘 아르바이트를 끼고 살았고, 래퍼로 성공하겠다며 쇼미더머니에 나간다거나, 갑자기 파일럿을 준비한다거나, 취업을 해버리는 등 웃소에 진심을 쏟지 못하고 있었다. 그리고 그걸 멤버들도 잘 알고 있었기 때문에 내가 없는 웃소가 잘 되길 빌면서도 평생 웃소에 기대거나 반대로 짐이 되면 안 되겠다는 생각도 컸다.

2019년, 웃소가 드디어 법인을 세우고 그동안의 고생에 대한 보상을 받기 시작하던 그 시기에 나는 친한 친구에게 여러 번, 정말 적은 금액을 빌려가며 끼니를 때울 정도로 내 주머니 사정이 어려웠다. 그 친구도 사회 초년

생이었음에도 단 한 번도 이유를 묻지 않고 바로 돈을 보내주곤 했다. 나 역시 수입이 생기면 가장 먼저 친구에게 빌린 돈부터 갚았고, 이제는 그런 일을 반복하지 않아도 된다는 사실이 마음 한 켠을 편하게 했다.

웃소가 드디어 빛을 보게 된 이 타이밍에 갑자기 이런 구질구질한 이야기를 왜 하냐고? 그래야만 웃소에서 부재했던 그 시절의 나에 대한 변명이 되기 때문이다. 웃소의 성공을 나의 성공처럼 여기지 못하고 진심으로 축하해주지 못했던 못난 나를 조금이나마 인간적인 모습으로 만들 수 있으니까. 하하.

'그래, 어차피 이렇게 될 인생이었겠지.'라고 생각하며 하루하루를 버텼지만, 그 당시 나는 자신감도 자존감도 다 바닥을 친 상태였기 때문에 웃소의 성공을 질투할 수밖에 없었다. 처음부터 고생하며, 힘들어도 웃어가며 다 이해할 수 있다고, 힘내보자고 같이 이야기했던 건 난데. 왜 나만 빼고 축하를 하는 건지. 지금 생각하면 유치할 정도로 사소한 것들이 다 상처가 됐다. 그래서 보상심리라도 되

면접,

파일럿 준비,

그리고 취업.

는 듯이 내가 퇴근한 후 저녁에 영상을 찍자고 해서 멤버들을 기다리게 하거나, 행사가 있으면 나도 함께 참여하려 하는 등 못난 행동도 많이 했다. 그래도 착한 웃소 친구들은 싫은 내색 없이 늘 나를 반겨주었고, 그런 모습마저 나에겐 참 자존감이 깎이는 일이었다.

난 결국 퇴사를 결심했다. 아무리 생각해도 지금 회사에서의 5년 뒤, 10년 뒤 나의 모습은 전혀 그려지지 않았지만, 웃소에서의 내 모습을 상상하면 기대가 됐다. 난 스스로를 '다방면으로 조금씩 잘하는 사람'이라고 생각하는데, 웃소에서는 그런 내 능력을 제대로 펼칠 수 있을 것 같았다. 결국 난 입사 9개월 차에 다니던 회사에는 퇴사 통보를, 웃소에는 입사 희망을 이야기하게 되었다.

하지만 내가 웃소로 다시 돌아간다는 건 결코 당연한 일이 아니었다. 많은 것이 변했고, 그래서 나는 웃소를 설득해야만 했다. '왜 내가 웃소에 다시 가고 싶은지', '왜 내가 가도 되는 사람인지'를 절실하면서도 뻔뻔할 정도로 자존심을 곁들여 멤버들에게 이야기했다. 다행히 멤버들은 그런 내 마음을 이해해 주었고, 나는 다시 웃소에 돌아올 수 있었다. '상황이 나쁠 때 떠난 사람이 상황이 좋아지니 다시 돌아왔다'는 사실은 지금까지도 내게 큰 짐으로 남아있다. 그렇기에 더더욱 뻔뻔해질 수밖에 없었고, 나를 두 팔 벌려 환영하지 못했던 그 당시 분위기와 사람들 역시 충분히 이해할 수 있었다.

아무튼 구질구질한 이야기는 이쯤에서 접고 본론으로 돌아가보자. 앞서 말했듯 웃소의 구독자는 30만, 40만, 50만 명을 차례로 넘어섰다. 이래도 되나 싶을 만큼 매일매일이 즐겁고 믿기지 않는 나날들의 연속이었다. 그러던 어느 날, 마침내 꿈에만 그리던 100만 구독자 달성이 눈앞으로 다가왔다.

100만이라는 구독자 수는 유튜버에게 굉장히 상징적인 숫자다. 모든 순간이 다 짜릿하지만 100만 명이라는 숫자는 그 짜릿함을 넘어서는 무언가 상징적인 게 있다. 뭔가 '찐' 유튜버로 인정받는 느낌?

그렇게 힘들었던 웃소에게 100만이라는 타이틀이라니. 우리도 100만에 대비해 좀 생각을 해 볼 필요가 있었다. '100만 되면 뭐 하지?', '팬 미팅 할까?', '콘서트 할까?' 우리끼리도 여러 가지 이야기를 나누고는 있었지만 어디까지나 아이디어일 뿐 구체적으로 정해진 건 없었다. 우리에겐 기존에 하고 있는 일이 너무나 많았기에 영상을 업로드하는 일상에 집중하기도 바빴다. 그러다 가끔 정해진 업로드 날짜를 맞추기 어려울 때는 생방송으로 대체하곤 했는데… 문제는 그 생방송이었다. 아니, 정확히 말하면 생방송만 하면 텐션이 이상하게 높아지는 우리가 문제였다.

'100만 되면 콘서트 해주세요!'

한 시청자가 적은 채팅이었고, 다른 시청자들의 반응도 좋았다. 반응이 좋다는 건? 텐션이 올라간다는 것이고, 텐션이 올라간다는 것은 뭐랄까… 위험한 신호다.

"콘서트요? 좋습니다!"

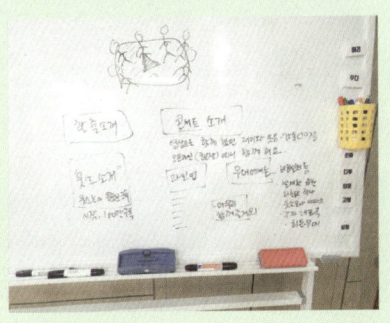

수시로 칠판에 할 일을 적어가며
콘서트 준비에 열을 올렸던 2019년 여름.

그저 분위기에 휩쓸린 채, 고탱이 그 채팅을 그대로 받아들여 버렸다. 콘서트? 내 인생에서 해본 거라곤 학교 장기자랑이 전부인데, 우리가 콘서트를 한다고? 이게 가능한 일인가? 싶었지만, 채팅창은 이미 박수와 환호로 가득했고, 설렘과 불안이 뒤섞인 마음으로 생방송은 종료됐다.

막상 말은 꺼내긴 했지만, 우리 중에 실제로 콘서트를 해본 사람은 아무도 없었다. 생각해 보면 너무나 당연한 일이었다. 무리한 선언을 해버린 건 아닐까 걱정도 되었지만, 그래도 우리답지 않나. 웃소는 가내수공업(?)의 대표주자답게 뭐든 처음부터 끝까지 스스로 손으로 만들어야 직성이 풀리는 사람들이었으니까. 결국 잘 모르겠지만 '우리가 직접 콘서트를 해보자'는 결론에 도달했다.

하지만 호기롭게 결정을 내린 뒤에도 한동안 놀랍게도 아무런 진척이 없었다. 촬영과 편집만으로도 벅찬 일정 속에서 그냥 "에라 모르겠다~" 하고 쓰러지듯 잠드는 날이 많았다. 그러던 어느 날 또 다른 계획형 인간인 나, 디투가 결국 그 얘기를 다시 꺼냈다.

"우리 큰 일정표부터 적어보자."

 너무 막막하고 어려울 때 가장 좋은 방법은 멀리서부터 크게 바라보는 것. 지금이 딱 그런 시점이었다. 그리고 이상하게도 나는 이 콘서트 준비라면 잘할 수 있을 것 같은 기분이 들었다. 왜냐하면 나는 '다방면으로 잘하는 사람'이니까. 이게 음악 콘서트인지, 마술 쇼인지, 연극인지, 개그 무대인지 아무것도 정해지지 않은 상황이었지만, 오히려 그래서 내 장점이 더 빛을 발할 수 있으리란 생각이 들었다. 그리고 이 일은 1년의 공백 끝에 돌아온 내가 팀원들에게 내 존재의 필요를 증명하고, 동시에 그동안 받은 만큼 보답할 수 있는 기회처럼 느껴졌다. 그렇게 나는 엑셀 화면을 띄운 채 큰 일부터 하나씩 정리해 나가기 시작했다.

 공연이 가능한 장소를 찾고, 일자를 정하고, 티켓 판매 방식을 고민하고, 필요한 소스와 디자인 작업을 정리하는 일들을 차근차근 준비해 나갔다. 알아야 할 것들을 하나씩 정리하면서 계획은 점점 구체화되기 시작했다. 사람들이

2019년 웃소 100만 기념 콘서트 현장.

여전히 우리에게 힘을 주는 코어 메모리다.

우리에게 어떤 콘서트를 기대할지, 우리가 보여줄 수 있는 것은 무엇인지 끊임없이 고민했고, 그렇게 쌓아간 아이디어들은 결국 2019년 8월 11일과 12일, 무려 이틀 간의 콘서트로 이어졌다. 그리고 그 콘서트는 아주 성공적으로 마무리되었다.

우리를 응원해주는 많은 사람들이 있다는 건 느끼고 있었지만, 100만이라는 숫자가 주는 무게감은 어디까지나 막연하고 어딘가 실감 나지 않는 감정이었다. 그런데 콘서트를 통해 팬들을 직접 마주하고, 직접 박수를 받으니 그 감동은 정말 말로 다 표현할 수 없을 만큼 벅찼다. 우리가 처음 함께 했던 그날부터, 2019년 100만을 달성하던 바로 그 순간까지 ―오랜 시간 동안 '웃소'라는 이름 아래 맺어진 우리의 관계는 어느새 유일무이한 무언가가 되어 있었다.

저도 이제
멤버인가요?

 2019년 여름, 웃소 100만 구독자 기념 콘서트가 열렸고 나는 그 자리에 '관객'으로 있었다. 자리에 앉아 무대가 시작하길 기다리던 그때, 드디어 천천히 커튼이 걷히고, 나란히 앉아있는 멤버들과 카메라를 잡고 있는 우디의 모습이 보였다. 마치 영상에서만 보던 웃소 촬영 현장에 내가 함께 있는 듯한 기분이 들었다. 다른 관객들도 비슷하게 느꼈는지, 누군가는 환호했고 누군가는 눈물을 터뜨리기도 했다.

 진심으로 멤버들을 응원하는 구독자들의 모습과, 그 사

웃소 멤버가 되기 전,
나도 100만 콘서트 자리에 함께 있었다.

랑에 보답하기 위해 최선을 다해 공연하는 웃소 멤버들의 모습. 공연이 끝나고 집으로 돌아오는 길, 왠지 모르게 머릿속이 복잡했다. 동경심과 부러움이 뒤섞인 감정이었다.

웃소와의 인연은 내가 고등학생 때, 같은 동아리 선배였던 우디가 당시 페이스북 스타였던 고탱을 알게 되면서 나도 자연스럽게 고탱과 웃소를 만나게 되었다.

"소정아, 웃소 사무실 한번 놀러 올래?"
"네? 제가요?"

그저 영상을 제작하는 평범한 고등학생이였던 나는, 고탱과 웃소가 마치 유명 연예인과 대형 소속사처럼 느껴졌기에 초대받은 것 자체가 신기했다. 처음 방문한 웃소의 사무실은 연남동의 작은 원룸이었다. 주변을 둘러보니 이유는 알 수 없지만 벽에 구멍이 뚫려 있었고, 그 옆 책상에는 해리가 앉아 업무를 보고 있었다. 성희는 굿즈 작업을 하고 있었고, 한쪽 구석의 작은 소파에서는 고탱과 선바가 영상을 촬영하고 있었다.

"벽에 왜 구멍이…?"
"아 그거 촬영하다가 부서졌어. 하하."

고탱은 멋쩍어하며 말했다. 조금은 당황스러운 첫 만남이었다.

이후 나는 웃소처럼 미디어 콘텐츠를 제작하는 MCN 회사에 취직했고 우디는 웃소와 함께하게 되었다는 소식을 들었다. 자유로운 영혼 같던 우디가 직장인이 되었다는 것도 놀라웠지만, 그곳이 웃소라는 사실에 더 놀랐다. 우디는 웃소 이야기, 쿡소 등 특유의 편집 스타일을 살려 웃소만의 콘텐츠를 만들어 갔고, 웃소가 100만 구독자를 향해 성장하는 모습을 보며 그들의 성장을 응원하고 있었다.

조금 시간이 흐른 뒤 나는 회사를 그만두었다. 개인 채널을 운영하며 프리랜서로 활동하고 있던 어느 날, 우디에게 연락이 왔다.

"소정아, 이번 주 금요일에 시간 돼?"

웃소에서 써브웨이 광고를 찍는데, 점원 역할로 잠깐 출연해줄 수 있겠냐는 부탁이었다. 나는 예전 회사에서도 연기하는 콘텐츠를 즐겼던 터라, 오랜만에 연기를 하면 재미있을 것 같아 흔쾌히 수락했다. 그냥 도와주러 가야겠다는 생각으로 수락한 요청이었지만 그때는 몰랐다. 그 사소한 수락이 웃소와 함께하게 되는 시작이 될 줄은.

촬영 당일, 오랜만에 보는 고탱, 성희, 해리 그리고 처음으로 태훈을 만났다. (우디는 종종 만났기에 익숙했다.) 조금은 어색했지만 짧은 인사를 나누고 나는 카메라를 잡아 인트로를 찍었다.

"카메라 롤! 레디… 액션!"

촬영이 시작되자 멤버들은 능청스럽게 연기를 시작했다. 맞추지 않아도 자연스럽게 잘 맞는 호흡. 멤버들의 자연스러운 연기와 대화를 보며 역시 프로들이라는 생각이 들었다. 영상에 대해 이야기를 나눌 때는 진지한 프로들의 모습이었는데, 촬영이 시작되면 순식간에 장난기 가득한 친구들로 변하는 그들의 모습은 정말 인상깊었다.

"그럼 이제 소정이가 점원 역할을 해줄래?"

웃소에서의 첫 출연이었다. 고탱은 내가 긴장한 내 기색을 눈치챘는지, 옆에서 "살짝 당황한 것처럼 해볼래?", "조금 더 장난스럽게 이야기 해볼래?"하면서 어설픈 나의 연기를 봐주었다. 차근차근 디렉션을 주는 고탱 덕분에 조금씩 긴장이 풀렸고, 무사히 촬영을 마칠 수 있었다. 다행히 써브웨이 유형 영상은 좋은 반응을 얻었고, 그 계기로 나는 '좋아하는 사람 생겼을 때 유형', '썸 탈 때 유형', '친구한테 질투날 때 유형', '고백하는 유형'을 연달아 촬영하게 되었다. 자연스럽게 웃소 사무실도 자주 드나들며, 어느새 댓글에서는 "이러다 멤버 되는 거 아니냐"는 농담섞인 반응들이 보이기 시작했다. 나는 웃으며 넘겼지만… 마음 한구석에서는 '정말 그랬으면 좋겠다'는 마음이 점점 커지고 있었다.

어느 날, '연애 유형' 촬영을 마치고 웃소 멤버들과 저녁으로 치킨을 먹던 중이었다. 다들 별말 없이 치킨에 집중하고 있던 그때, 고탱이 불쑥 말을 꺼냈다.

"소정아 만약 웃소에서 멤버로 함께하게 되면 어떨 것 같아?"

갑작스러운 질문에 당황했지만, 그냥 가볍게 던진 말인 줄 알고 웃으며 얼버무렸다.

"음…. 그러면… 좋겠죠…?"

사실 속으로는 "정말 하고 싶어요!"라고 외치고 있었지만, 그 감정을 드러내기엔 왠지 조심스러웠다. 나름 티를 냈다고 생각했는데 나중에 들으니 멤버들은 내가 어떻게 생각하는지 전혀 알 수 없었다고 한다. (나는 완전 티를 냈다고 생각했는데, 왜지?) 집에 돌아와 그 대화를 계속 곱씹으며 "혹시 웃소가 나에게 관심이 있는걸까?", "혹시 나도 웃소와 함께 할 수 있지 않을까?" 하는 기대감이 점점 마음 속에서 자라나기 시작했다.

그리고 몇 달 뒤, 우디에게 다시 연락이 왔다. 웃소게임즈의 편집자를 찾고 있는데 해볼 생각이 있냐는 제안이었다. 그동안 웃소와 가까이 지내며, 나도 저렇게 믿고 의지할 수 있는 팀이 있었으면 좋겠다는 마음이 커지고 있던 참이라, 망설임 없이 그 제안을 받아들였다. 그렇게 웃소에 출근해 웃소게임즈의 영상 편집을 시작했고, 점차 웃소 메인 채널 영상까지 맡게 되었다.

그러던 중 웃소가 방학을 맞이했고 나의 고민도 깊어졌다. 웃소게임즈 편집자로 시작했지만, 편집자와는 역할이 조금 달랐다. 가끔 영상에 출연하고 멤버 회의에도 참여하는 등 단순히 편집자라고 정의하기에는 어정쩡한 위치에 있었다. 점점 혼란스러웠던 나는 내 역할을 명확히 해야겠다는 생각이 들었고, 방학이 끝나기 며칠 전 고탱에게 만나자고 했다.

"고탱 님! 저는 방학이 끝나면 웃소에서 편집자로 있는 건가요, 아니면 멤버로 함께하는 건가요?"

그 말을 들은 고탱은 생각에 잠겼다. 그 정적은 몇 초에 불과했지만, 내게는 몇 시간이 흐르는 듯 무겁고 길게 느껴졌다. 그리고 잠시 뒤, 고탱은 고개를 들어 말했다.

"방학이 끝나고는… 멤버로서 함께 해보자."

그 말을 들은 순간 무거운 돌을 내려놓은 것처럼 마음이 가벼워졌다. 설명할 틈도 없이 기쁨이 앞질러 가슴을 가득 채웠다. 그렇게 웃소의 방학이 끝나고 나는 '웃소 멤버 소정'이 되었다.

하지만 기쁨도 잠시, 내가 웃소와 함께하게 되면서 구독자들의 반응은 엇갈렸다. "웃소에 잘 어울린다"며 응원해주는 댓글도 있었지만, "조금 낯설다"며 걱정 섞인 시선을 보내는 이들도 있었다. 응원의 말은 큰 힘이 되었지만, 낯섦을 이야기하는 반응 앞에서는 괜히 주눅이 들었다. '원래부터 함께했던 멤버처럼 보여야 하나?' 하는 부담이 점점 커졌다.

하루는 내 출연이 어색하다는 댓글을 보고 마음이 무너졌다. 내가 숨기고 싶던 서툰 모습을 들킨 것 같아 속상했고, '촬영 전에 더 고민했어야 했는데', '그 장면은 그렇게 하지 말았어야 했는데' 하며 계속 스스로를 탓했다. 다음 날 티 나지 않게 최대한 밝게 인사하며 스튜디오에 들어섰는데, 고탱이 그 댓글에 직접 답글을 달았다고 했다. 확인해보니, 역시 고탱답게 특유의 초장문 댓글이었다. 그 댓글에는 '멤버들의 합을 의심하지 말아달라'는 말과 함께 '영상 촬영으로 함께 교감하는 순간이 소중하고 즐겁다'는 문장이 적혀 있었다. 그 말은 분명 구독자들을 향한 글이었지만, 내게 해주는 이야기처럼 느껴져서 마음이 놓였다.

사실 나도 궁금했다. 멤버들은 나의 출연을 어떻게 받아들이고 있을까? 어딘가 안 어울린다고 느끼지는 않을까, 내가 없던 시절이 더 좋았다고 생각하지는 않을까? 그런 생각이 머릿속을 맴돌면서도 막상 입을 떼기엔 조심스러워 결국 묻지 못하고 있었는데, 고탱의 댓글을 읽고 나서야 멤버들이 나를 어떻게 바라보고 있었는지 조금은 알 수 있었다.

생각해보면 웃소는 늘 그랬다. 다 함께 웃고 즐기는 그 순간이 가장 중요한 팀이었다. 내가 멀리서 지켜봤던 웃소도, 가까이에서 봤던 웃소도 마찬가지였다. 그런데 나는 '잘해야 한다'는 부담 때문에 혼자만의 긴장을 쥐고 있었던 것이다. 고탱의 댓글 이후, 내 마음도 '어색하지 않게 잘 보여야지'라는 생각에서 '오늘도 촬영 핑계 삼아 웃소랑 신나게 놀아야지!'로 바뀌었다.

그 마음의 변화는 곧 내 태도에도 영향을 주었다. 더 편안하게 나를 드러낼 수 있었고, 구독자분들의 응원은 여전히 큰 힘이 되었다. 그렇게 나는 웃소 안에서 내 자리를 조금씩 만들어가기 시작했다. 그리고 그 무렵, 우리에게는 또 하나의 전환점이 찾아왔다.

고탱 우리가 지금까지는 웃소를 만들어가는 그 과정 자체가 재미있었던 것 같아. 그런데 어느 순간부터였을까, 문득 그런 생각이 들더라고. "내가 지금 여기서 뭘 하고 있는 거지? 계속 이걸 웃소를 위해 하면 되는 건가?" 처음으로 우리 팀에 대해 깊이 돌아보게 된 순간이 왔어.

디투 그래서 그때 우리끼리 회의도 많이 했잖아. 우리 팀의 가치는 뭘까, 우리는 이 사람들을 어떻게 바라보고 있나, 앞으로의 비전은 뭘까… 이런 이야기를 처음으로 진지하게 했지. 그전까지는 그런 걸 깊게 고민해본 적이 없었으니까 좀 낯설고 어렵기도 했고.

소정 그게 우리한테는 '챕터 2'의 시작이었지 않을까?

우디 맞아. 유튜버로서 좀 더 체계화되고, 전문화되는 과정이었지. 직원도 생기고, 조직도 생기고, 소정이 들어오기도 했고…. 나도 이번에 다시 돌아보면서 느꼈는데, 나는 그때까지만 해도 영상을 만드는 행위 자체에서 오는 즐거움이 제일 컸어서, 유튜브를 직업으로, 일로 바라보는 시선은 아직 부족했던 것 같아. 근데 웃소는 그때부터 그런 변화를 준비하고 있었잖아. 그게 내가 느끼던 '자유로운 분위기'랑은 조금 달랐던 것 같아. 자연스럽게 '잠시 떠나볼까' 하는 생각이 들기도 했고.

고탱 해리는 어땠어?

해리 나는 그 시절이 힘들었던 만큼 되게 좋았던 시기였다고 생각해. 안정적이고, 편안하고, 뭔가 행복했달까? 우리가 하는 일도 잘 풀렸고.

성희 맞아, 그때는 '유튜브 찍으면서 평생 살겠다'는 말이 나오지 않을 정도로 고민이 생기던 시기였지. 그런데 그 이후부터는 "유튜브가 너무 재밌어서 해봤어요"라는 말로는 부족해진 상황이었고, "이번에 콘서트를 했으니 다음엔 뭘 해볼까?" 같은 이야기를 해야만 할 것 같은 부담도 있었어.

태훈 그 무렵 반복되는 일상이 조금 힘들게 느껴졌던 시기기도 했던 것 같은데.

고탱 콘서트를 기획한 것도, 뭔가 더 큰 걸 하자기보단, 그냥 "할 만큼 한 것 같다"는 생각이 들던 분위기였지. 소정은 어땠어?

소정 나는 재미있었어. 열심히 하는 것에 초점을 맞추기도 했고, 내가 직접 기획하고 만든 영상이 결과물로 나오는 그 과정이 너무 좋았고, '함께 만든다는 건 이런 거구나'라는 걸 배워가던 때였지. 그런데 다른 멤버들이 그런 고민을 하고 있는 줄은 전혀 몰랐네.

고탱 소정이 그런 즐거움을 느끼고 있었다는 걸 몰랐네. 맨날 누워 있었던 것 같아서. (웃음)

우디 노란 소파에서 아주 즐겁게 누워 있었지. 누워있기의 장인.

성희 그때 편집을 멤버들이 돌아가면서 하던 방식에서 벗어나서 직원들과 함께 일하기 시작했잖아. 그래서 그 과정에 신경을 많이 썼던 것 같아. 면접은 어떻게 해야 하지? 사람은 어떻게 뽑지? 조직으로 가기 위한 고민들이었지.

태훈 맞아, 결국 우리는 그때 그런 '과도기'에 있었던 거야.

2장 사이좋게 싸우는 중입니다

좋은 것만
있을 줄 알았는데

고탱의 마이크

100만. 예전에 유튜브를 처음 시작할 때, CJ E&M에서 운영하는 크리에이터 공간에 간 적이 있다. 거기엔 양땡 님과 그 당시 소속 크리에이터들의 백만 구독자 배지가 전시되어 있었는데, 그걸 보며 '와… 백만? 저 숫자가 진짜 가능한 숫자인가…?' 하는 생각을 했다. 그런데 우리에게도 그 순간이 온 것이다.

백만 구독자 기념 콘서트를 마친 후, 우린 잠시 한숨을 돌렸다. 노래를 만들고, 안무를 짜고, 콘서트 장소를 대관하고, 예매 시스템을 점검하는 모든 과정을 우리 손으로 해내며 동시에 영상 제작까지 병행하려니 사실 제정신이 아니었다.

그래서였을까, 꿈같던 오류아트홀(100만 콘서트장)에서 돌아와 보니 예상치 못한 공허함이 스며들고 있었다. 우리는 지금까지 '함께 성장하자'는 목표 아래 달려왔었는데, 그 여정의 한 정점을 찍으니, '어떤 것도 할 수 있겠다!'라는 자신감이 차오르는 동시에 구체적으로 '무엇을 향해 나아가야 할지' 막막함도 밀려왔다. 솔직히 백만 달성 그 이상을 상상해 본 적도 별로 없었다.

콘서트를 준비하며 처음으로 번아웃이라는 걸 겪었다. 주말에는 춤 연습, 평일에는 영상 편집, 그 사이사이 웃소 촬영과 무인도 뮤직비디오 촬영까지 이어졌다. 결국 몇몇 멤버들은 몸이 상해 병원 신세를 지기도 했다. 그전까지는 우리가 가급적 영상을 다 같이 찍으려고 했는데, 이때부터 소수 콘텐츠를 개발하자는 의견을 모으게 됐다.

"그래, 이렇게 무리하다가는 지속 가능하지 않겠다."

결론은 꽤 단순했다. 우리가 이만큼 성장했으니, 이제는 팀원을 모을 때였다. 그리고 콘텐츠를 더 정교하게 만들어야 했다. 웃소는 이제 엄연한 '회사'가 되었고, 함께할 팀원이 필요한 시점이었다. 편집자 채용은 그런 변화의 시작점이었다.

채용을 진지하게 고려해보니 지금의 사무실은 너무 좁았다. 우리가 촬영을 하고 있으면, 새로 온 팀원이 있을 곳이 없었기 때문에 우선 우리가 찾을 수 있는 수준에서 가장 넓은 오피스텔로 스튜디오를 옮겼다. 방이 무려 세 개! 또 한 번의 설레는 이사였다. 이윽고 나는 바로 채용 공고를 작성해 보기 시작했지만… 어려움은 의외의 곳에서 찾아왔다.

"우리의 비전…? 사명…? 음…."

그동안의 웃소는 마치 동아리 같은 느낌이었다. 그냥 우리끼리 좋아서 모였고, 우리끼리 재미있게 놀다가 우연히 유명해진 친구들. 그러나 웃소를 회사로서 마주하니 우리에게 부족한 부분들이 하나둘씩 보이기 시작했다.

'잠깐만, 우리가 왜 모였더라? 웃소는 어떤 회사인 거지? 새로운 팀원과는 앞으로 어떻게 나아가야 할까?'

생각할 것이 한둘이 아니었다. 고민이 깊어지니 끝이 없었고, 결국 내가 영상을 왜 처음 시작했는지, 우리가 만나서 무엇을 해결하고 싶었는지, 지금까지 걸어오면서 느낀 우리의 사명은 무엇이었는지 진지하게 고민하기 시작했다.

그렇게 나는 온라인 동영상에 처음 뛰어들 때 봤던 TED 강연을 보고 또 봤다. 온라인 동영상이 세상을 그 언제보다도 빠르게 연결할 수 있고, 만날 수 없는 사람들과 그 어느 때보다도 쉽게 만날 수 있을 거라고 설명하는 크리스 앤더슨 연사의 강연이었다. 그 영상을 수없이 본 끝에, 그리고 멤버들과의 많은 대화 끝에 '온라인 비디오로 서로 공감하는 사회를 만들고, 사람들을 행복하게 하는 것'이라는 우리의 사명을 결정했다.

웃소가 진짜 웃소가 되기 위한 시간들.

새로운 팀원과의 합도 중요하지만, 그 전에 더 중요한 것은 우리끼리 같이 '일'하는 방법을 깨닫는 것이었다. 웃소가 100만이 되면서 나에게 찾아온 가장 큰 고민은 내가 주도적으로 하던 기획과 촬영, 그리고 편집을 우리 멤버들과 어떻게 나눌지였고, 주도적인 크리에이터가 되기 위해서는 멤버 각자가 모두 제너럴리스트가 되어야만 했다.

하지만 현실은 그렇게 순탄하지 않았다. 내 생각과 다른 멤버들의 생각이 달랐고, 내가 잘하는 것과 멤버들이 잘하는 것이 모두 다르다보니 우리는 늘 투닥투닥 부딪히기 일쑤였다. 게다가 우리의 한계도 명확했다. 그냥 친구들이, 심지어 학연, 지연, 혈연으로 만난 우리가 같이 일을 하려니 애매하게 자존심을 세우기도 하고, 내가 편집이나 기획 노하우를 알려주려고 할 때마다 어딘가 불꽃이 튀었다.

'선생님에게 혼날 때 유형'을 촬영하러 학교로 간 날, 태훈이가 유형을 처음부터 끝까지 짜와서 그걸로 촬영하려는데, 솔직히 내 눈에는 영 부족해 보였다. 어딘가 좀 밋밋

했달까. 솔직히 말하자면, 이건 태훈이 잘못이 아니었다. 내가 유형을 어떻게 기획하는지, 내가 원하는 우리만의 매력이 뭔지, 내가 충분히 이야기하지 않았기 때문에 생긴 일이었다.

우리 둘은 방과 후에 지인 찬스로 촬영 허가를 받은 초등학교 교실에서 작은 책상에 나란히 앉아 노트북을 열심히 두드렸다.

"이런 식으로 유형을 넣어볼까? 이 유형이랑 이 유형은 이렇게 이어보고…"

사무실에서 찍는 영상이 아니라서 시간도 잘 지켜야 했고, 촉박한 마음에 정신없이 수정하며 한참을 끙끙 앓다가 결국 좋은 유형 리스트가 나왔다. 뿌듯한 마무리였다.

나는 그 외에도 정말 웃소 멤버들을 많이 괴롭혔다. 특히 각 영상의 '인트로'를 촬영할 때는… 말도 마시라. 내가 얼마나 많은 영상의 인트로를 중간에 끊었는지 상상도 못

할 거다. 조금이라도 내용이 제대로 설명되지 않는 것 같으면 "잠깐만, 이렇게 찍는 거 맞아?" 하고 촬영을 중단시켰다. 나도 물론 그 느낌이 정말 싫었다. 갑자기 정적이 흐르는 그 순간. 그리고 내 속에서도 몰려오는 왠지 모를 자괴감과 미안함. 하지만 대부분의 경우, 그렇게 멈추고 다시 이야기를 나누면 오히려 촬영이 더 좋은 방향으로 흘러갔다.

웃소는 '친구'로 시작한 관계다. 그런데 친구라는 건, 생각보다 서로 참거나 모른 척 넘어가는 일이 많은 관계일지도 모른다. 편하게 장난은 칠 수 있어도, 정작 필요한 충고는 쉽게 꺼내기 어려운 사이. 하지만 함께 넘어야 할 산이 생기고, 함께 이루고 싶은 목표가 생기면서 우리의 관계도 조금씩 달라져야 했고, 어려운 말을 꺼내거나 때로는 얼굴을 붉히기도 했으며, 상황이 이상할 땐 잠깐 멈춰 서야 했다. 그렇게 우리는 단순한 친구를 넘어 더 깊은 관계로 나아갔다.

촬영이 없던 어느 날, 나는 웃소 거실에 책상을 죄다 꺼내놓고 모니터를 설치했다.

"뭐 하려고?"
"내가 썸네일 만드는 거 알려줄게!"

어떤 썸네일이 좋은지, 어떻게 해야 효과적인지, 그냥 감으로만 알고 있었으니 설명하긴 어려웠다. 그래서 모두가 더 깊이 이해할 필요가 있다고 느껴서 그동안 썸네일을 만들며 쌓인 노하우를 처음부터 끝까지 설명했다. 얼굴을 더 또렷하게 보이게 하는 법, 작은 핸드폰 화면에서도 눈에 뜨이게 만드는 법 같은 실전 팁들도 함께 나눴다. 처음엔 친구들 사이에서 갑자기 선생님 행세를 하는 건 아닌가 싶어 뻘쭘했지만, 우려와는 다르게 다들 열정적으로 자기의 썸네일을 만들며, 되려 신나는 시간을 보냈다.

그 이후에도 우리는 각자 기획과 촬영, 편집을 꾸준히 연습했다. 그리고 단순한 친구 사이를 넘어 서로를 성장시키는 동반자로서의 연습도 이어 나갔다. 그 과정은 때로 투박하고 어색했지만 바로 그 어색함 속에서 우리는 조금씩 변화했고, 서로에게 꼭 필요한, 때로는 불편한 말들을 주고받으며 더 나은 '우리'를 만들어가고 있었다. 그렇게 함께 부딪히며 고민한 시간은 자연스레 '우리만의 콘텐츠란 무엇일까?'라는 질문으로 이어졌다.

콘텐츠로 살아남기

그 질문 끝에서 탄생한 결과 중 하나가 바로 웃소의 수많은 오리지널 시리즈들이다. 추억의 '호불호 시리즈'부터, 요즘 자주 올라오는 '합숙 시리즈'까지, 만약 웃소가 방송국이라면 30개가 넘는 시리즈 프로그램을 제작한 셈이다.

하지만 우리가 만든 모든 영상이 전부 시리즈가 되진 못한다. 생명력이 강한 영상만이 다음을 만들고 또 그 다음을 만들어 하나의 시리즈로 자리 잡는다. 하나의 '파일럿' 영상으로만 남지 않기 위해 고군분투하는 웃소의 기획 과정은 이렇다.

영상의 아이디어를 얻는 방법은 다양한데, 한 사람의 머릿속에서 나오기도 하고, 함께 잡담하면서 시작하기도 한다. 어느 날 함께 식사하던 중, 내가 LA갈비를 발라 먹고 뼈를 버리는 걸 본 고탱이 "이게 다 먹은 거야…?" 하고 물었다. 그 말 한마디에서 꼬리를 물고 대화가 이어졌고 뭐든 끝까지 다 먹는 사람 vs 적당히 남기는 사람, 요구르트도 껍질까지 벗겨 먹는 사람 vs 아래에 구멍만 내서 마시는 사람… 그렇게 가벼운 잡담에서 시작된 아이디어가 '두 가지 유형의 사람들'이라는 하나의 영상으로 완성되었다.

그러나 탐나는 장면 하나로 시작된 생각이, 실제 영상이 되기 위해서는 반드시 '이야기를 입히는 과정'을 거쳐야 했다. 단순한 기획일수록 어떤 '상황'을 덧입히느냐가 관건. 한 줄 아이디어가 진짜 웃소 콘텐츠로 태어나는 순간은 대부분 이 과정을 통과한 후다.

상황 설정이 주요하게 작용했던 콘텐츠는 바로 '쿡소 시리즈'. 쿡소는 웃소 멤버가 다른 멤버들에게 요리를 해주는 단순한 포맷의 요리 콘텐츠인데, 매 에피소드마다 다 다른 상황극이 들어간다. 애니메이션 '요리왕 비룡'을 패러디한 '요리왕 피룡' 설정부터, 게임 '심즈' 패러디, '전국노래자랑' 패러디까지…. 상황극 보는 맛에 본다는 시청자들이 생길 정도로 영상의 맛을 입혀주는 역할을 톡톡히 했다. (우디가 상황극 짜기 어려워했는데 돌아보니 하길 잘했다.) 이렇게 뼈대는 간단하지만 이야기와 상황극이 들어가면서 쿡소는 '웃소스러운 요리 시리즈'로 자리 잡게 되었고, 뮤지컬 시카고를 패러디한 '쿡카고'는 티저임에도 불구하고 이례적인 조회수를 기록했다.

  다음은 캐릭터 배정하기. 같은 상황이라도 촬영자의 성격이 조금씩 다르면 재미가 확 살아난다. '이 장면은 소정이가 하면 좋겠다', '해리가 하면 그 하이톤으로 따지듯 말하겠지', '디투가 몸개그로 받아치겠고…'. 웃소에는 워낙 다양한 캐릭터가 있어 누구에게 가장 잘 어울리는 옷일지 고르는 것도 은근히 시간이 걸리는 작업이다. 기획자가 먼

콘텐츠로 살아남으려면
잠에서도 살아남아야 하는 웃소.

저 생각해 누구에게 배정하기도 하지만, 함께 이야기하면서 자신 있는 사람이 맡거나 어울리는 사람을 추천하기도 하며 정하는 편이다.

그리고 마지막 단계는 웃음의 구조를 설계하는 일. '100보로 하루 살기' 영상은 두 명이 하루 동안 단 100보만 사용할 수 있다는 설정이었는데, 기획 단계에서 어떤 상황에서 가장 웃긴 장면이 연출될 수 있을지에 대한 고민을 하다 결국 디투와 해리가 서로 업고 업히는 장면을 만들어야겠다는 결론에 도달했다. 이렇게 미리 웃음의 포인트를 설계하고, 그에 맞게 상황과 미션을 조정하는 것. 우리가 기획 과정에서 가장 공들여서 하는 작업이다.

이런 과정을 거치면 아이디어는 점점 영상이라는 형태를 갖추게 된다. '이거 재밌겠다'고 떠올린 생각 위에 캐릭터들의 습관을 얹고, 예상 밖의 변수를 심고, 작은 갈등이나 긴장감을 장치처럼 설치하면서 기획을 구체화한다. 처음엔 하나의 웃긴 장면을 상상하는 것에서 시작하지만, 그 장면이 혼자 붕 뜨지 않고 흐름 안에서 살아있게 만들기 위해선 이런 손질과 덧붙임이 필수다.

 그렇지만 우리가 올리는 모든 영상을 '시리즈'로 목표하고 만드는 것은 아니다. 그랬으면 좋겠지만…. 현실은 한 편 한 편이 살 떨리는 서바이벌 같을 때도 많다. 반응이 좋고, 확장할 여지가 있는 영상은 몇 화 더 찍어보게 되고, 그렇지 못한 영상들은 이어지지 않는다. (아쉽지만 저희와 함께 가실 수 없습니다.)

 내가 편집과 기획을 처음 시작했던 2016년. 당시 유튜브에는 사람들의 가방과 파우치를 구경하는 'What's in my bag' 영상들이 유행처럼 올라왔었다. 자주 보다보니 우리 멤버들한테도 한번 시켜보면 어떨까 하는 생각이 들어 웃소 가방털기 영상을 촬영했는데, 그 영상에서 우디가 기염을 토할 정도로 많은 물건을 가방에 넣어 다니는 바람에 시청자들의 큰 관심을 얻어냈다. 각자의 물건에서도 그 사람의 성격이 나왔고, 우리 팀은 인원이 많으니 그걸 지켜보는 재미가 더 컸다. 이 영상이 좋은 반응을 얻자 우리는 어린 시절 일기장, 생활기록부를 털어보는 콘텐츠로 이어갔고, 그렇게 털기 시리즈는 웃소 최초의 시리즈 영상이 되었다.

그렇지만 시리즈가 늘어난다는 건 그만큼 버린 시리즈도 많다는 뜻. 처음엔 "이건 무조건 된다!" 하며 찍었지만, 올리고 보니 처참했던 영상들이 꽤 된다. 실패한 원인은 다양하다. 포맷이 약해서, 혹은 기획은 괜찮았지만 구현이 별로여서, 혹은 우리끼리는 너무 재밌는데 시청자 입장에선 낯설거나 어려워서. 중요한 건 '다음 편'에 대한 기대가 없을 때 우리는 그 시리즈의 문을 조용히 닫는다. 내가 기획했던 '최애 대결' 시리즈는 인기가 많던 '호불호 시리즈'의 연장선으로 제작해 본 시리즈였는데, 댓글은 많았지만 기대한 만큼의 화제성은 따라오지 않았다. 비슷하면 실망이고, 다르면 낯설기 때문에 그 틈을 공략해야 하는 '진짜 챌린지'가 시작된 것이다.

"같은 시리즈인데 어떻게 다르게 웃기지?"
"떡볶이도 먹고 치킨도 먹고 짜장면도 먹었는데 이제 뭘 먹지?"

실제로 웃소의 대표 시리즈들은 '반복 안의 변화'를 꽤 집요하게 고민하며 만들어졌다. 시리즈가 갖고 있는 본질은 유지하되 뭘 바꿔볼 수 있을지 고민하는 게 우리 기획 회의의 대부분을 차지한다. '피하기' 시리즈는 현재 웃소의 대표 콘텐츠 중 하나로 자리 잡았지만, 처음부터 이만큼 확장될 줄은 몰랐다. 시리즈의 시작은 한 명이 좀비가 되어 다른 멤버들을 쫓고, 나머지는 자물쇠를 풀거나 아이템을 이용해 좀비를 퇴치하거나 탈출하는 '좀비 피하기'였다. 간단한 규칙이었지만 멤버들이 몰입해 도망 다니고, 좀비를 연기하는 상황에서 웃음이 터지는 장면들이 묘하게 중독성이 있었다. 사람들의 반응도 괜찮아서 우리는 곧 다음 회차를 기획했고, '슈퍼 좀비', '아이템 좀비' 등 여러 좀비를 만들어 냈지만, 어느 순간 다시 한계는 찾아왔다.

그때부터 본격적인 '피할 것 찾기' 회의가 시작됐다. '강시', '로봇', '괴물', '삐에로' 같은 전형적인 추격 캐릭터들이 후보에 이름을 올렸다. 그러다 급기야 '등산 가자는 부장님 피하기', '잔소리하는 작은아버지 피하기' 같은 일상 공포 캐릭터(?)들까지 리스트에 올랐다. 그렇게 해서 탄생한 다양한 피하기 시리즈들은 단순한 놀이 이상의 구조를 가지며 웃소만의 오리지널 시리즈로 자리 잡았고, 점점 더 유연해지더니 가장 큰 진화인 '환생학교 요괴반' 시리즈를 만들어냈다. 반복 속에서의 변주를 설계하는 일. 그것이야말로 시리즈의 핵심이었다.

그렇게 웃소의 많은 콘텐츠는 실험처럼 시작돼 반복과 변화를 거치며 자리 잡았고, 그 안에서 우리의 색도, 방법도 조금씩 뚜렷해졌다. 완벽해서가 아니라, 계속 해왔기 때문에 만들어진 결과들이었다. 물론 '계속 해나간다는 것'만으로 모든 문제가 해결되는 건 아니었지만.

함께는 삐그덕대고, 혼자는 외로워

언제부턴가였다. 모두가 함께 머리를 맞대고 기획하던 방식에서 문제점을 찾게 된 건. 기획 회의는 길어졌고, 의견은 자주 엇갈렸다. 누군가는 더 도전적이고 새로운 연출을 원했고, 또 누군가는 지금의 포맷을 정교하게 다지고 싶어 했다. 다양한 아이디어가 쏟아졌지만, 끝내 정리되는 것은 없었다. 갈팡질팡한 끝에 만들어진 영상들은 점점 색이 흐릿해져서 어느 한 사람의 색도 뚜렷이 드러나지 않았고, 그렇다고 모두의 색이라고 하기에도 어정쩡한 결과물이었다.

"요즘 우리 영상, 좀 심심해지지 않았어?"

어느 날 내가 조심스럽게 말을 꺼냈다.

"맞아. 뭔가 내가 만드는 게 아니라 '웃소'라는 틀 안에 맞춰 영상을 찍어내는 느낌이야. 무슨 말인지 알지?"

고탱이 내 말에 고개를 끄덕였다. 다른 멤버들도 비슷한 생각이었다.

우리는 서로를 존중한다는 이유로 점점 과감한 결정을 피하게 되었다. 기획 단계에서 '결정'은 사라지고 조심스러운 '타협'만이 남았다. 각자 안에 있던 톡톡 튀는 아이디어들도 어느 순간부터 꺼내지 않게 됐다. 나 역시 그랬다.

어릴 적 형과 함께 안방과 작은 방을 오가며 집 안에서 끝도 없이 술래잡기하던 기억은 나에게 최고의 놀이였기 때문에, 웃소를 하면서도 늘 술래잡기나 숨바꼭질을 테마로 한 영상을 만들고 싶어 했고, 초반엔 실제로 그걸 고집하기도 했다. 하지만 언젠가부터 그 욕심이 사라졌다. 아니, 스스로 숨긴 거였다. '시청자들도, 다른 멤버들도 이제 지겨워할지도 몰라.'라는 생각에 미리 입을 닫아버리고, 내가 만들고 싶은 콘텐츠보다 '만들어야 할 것'을 우선으로 생각했다.

이런 작고 묵직한 아쉬움은 웃소가 100만 구독자를 넘긴 후부터 더욱 또렷해졌다. 모두가 박수를 칠 시점에 나에겐 설명하기 힘든 씁쓸함이 자라나고 있었고, 하고 싶은 걸 한번 찍어보자던 우리의 목표는 희미해졌다. '우린 지금까지 하고 싶지 않은 걸 하고 있었던 걸까?'라는 질문이 계속 머리를 스쳤지만, 그보다 중요한 건 정체된 상태에서 벗어나는 것이었다. 그래서 우리는 새로운 시스템을 도입하기로 했다. 각자 하나의 콘텐츠를 맡아 기획부터 촬영, 편집까지 전부 책임지는 방식. 일명 '기획 담당자' 시스템.

"오늘부터 2주간 업로드할 영상 6개를 각자 하나씩 맡아보는 건 어때? 기획, 촬영, 편집까지 다 책임지는 걸로."
"촬영에 편집까지…?"

생각만 해도 벅찼지만 동시에 흥미로웠다. 유튜브 크리에이터라면 당연한 구조일 수 있었지만, 우리는 꽤 체계적으로 분업된 팀이었다. 도전적인 기획을 주로 맡는 고탱, 이펙트 편집이 특기인 우디, 전체 프로세스를 총괄하는 성희, 그리고 나는… 재미 담당이라 자칭하고 싶지만 아직은 두루두루 배우는 중이었다. 모든 과정을 혼자 책임진다는 건 부담스러운 일이었지만, 지금처럼 모든 구성원이 만족하지 못하는 시스템을 고수할 수는 없었기 때문에 우리는 유튜브 시장 안에서 '올라운더'로 성장해야 했다.

새로운 시스템은 생각보다 빠르게 효과를 보였다. 기획자 개인의 책임감이 높아졌고, 자연스럽게 몰입도도 따라 올랐다. 영상에 자신만의 색을 입히려는 열정은 콘텐츠의 퀄리티로 이어졌고, 시청자들의 반응도 확연히 달라졌다.

"이 영상 해리 님이 편집하신 거죠? 자막이 완전 해리 스타일ㅋㅋㅋ"
"성희 님의 따뜻한 감성, 힐링 되네요~"

코로나도 막을 수 없었던
웃소의 회의 시간.

직접적으로 시청자 반응을 확인할 수 있다는 건 유튜브라는 매체의 가장 큰 매력이자, 우리에겐 강력한 피드백 루트였다. 기획 담당자 시스템이라는 변화는 분명 긍정적이었고, 그걸 증명하듯 혼밥회식, 배달 챌린지, 사주기, 삼자대결, 삼자검증 같은 대표 시리즈 영상들이 줄줄이 탄생했다.

그럼에도 불구하고 세상에 모든 걸 해결해 주는 만능열쇠는 없었다. 새로운 방식으로 숨통이 트인 듯했지만, 곧 예상치 못한 문제들이 고개를 들었다. 기획자가 한 명으로 집중되면서 콘텐츠는 확실히 생동감을 얻었지만 동시에 그 기획에 대한 '소유 의식'도 따라붙기 시작한 것이다. 내가 만든 콘텐츠가 단순한 영상이 아니라 '내 자식'처럼 느껴져서 서로에게 피드백은 조심스럽고, 예민하게 다가왔다.

처음에는 단순한 의견 교환에 불과했던 말들도, 점차 감정선을 건드리기 시작했다. 피드백이 들어오면 그 내용을 곱씹기보다 방어적인 태도를 보이고, 누군가 지적을 건

네면, 표정부터 굳어졌다. '왜 이걸 건드릴까?'라는 생각이 반사적으로 들 정도였다.

어느 날, 그 기류는 뚜렷하게 드러났다. 회의실 공기가 이상하리만치 무거웠다.

"이번 피하기 영상은… 좀 유치했던 것 같지 않아?"

누군가가 조심스레 꺼낸 말에 그 순간 방 안의 모든 공기가 정지된 듯했다. 그리고 그 시리즈의 기획과 편집, 전체적인 흐름을 내가 담당하고 있었다.

"유치하다는 기준이 어디냐에 따라 다르겠지?"

내 입에서 튀어나온 말은 생각보다 차가웠고, 마치 내가 옳다는 걸 증명이라도 하려는 듯한 뉘앙스를 담고 있었다. 아무도 말을 잇지 않았고, 서로의 시선은 멀어졌다. 회의는 흐름을 잃었고, 침묵 속에서 끝이 났다.

그날 이후 우리는 잠시 방향을 잃었다. 누구도 명확히 틀렸다고 말할 수 없었고, 모두가 자기만의 정답을 품고 있었다. 각자의 색이 뚜렷해질수록 접점은 줄어들었고, 같은 영상 안에서도 서로 다른 해석이 겹치며 본래 의도와 어긋나는 경우가 생겼다. 누군가의 기획이 다른 사람의 손을 거치며 전혀 다른 분위기로 완성되기도 했고, 그 차이가 예상보다 크게 다가왔다. 작은 어긋남이 쌓이고 쌓여 결국엔 서로를 피곤하게 만들었다.

나 역시 예외는 아니었다. 처음에는 '책임감'이라고 말했던 감정이 어느새 '집착'처럼 변해 있었다. 콘텐츠 하나를 처음부터 끝까지 책임지는 구조는 나에게 크나큰 자율성을 줬지만, 동시에 비교할 수 없는 무게도 안겨줬다. 누가 시키지 않았는데도 은근한 경쟁심에 사로잡혔다. '이번엔 내 영상이 조회수 1등 해야지', '댓글 반응이 좋았으면' 하는 욕심이 점점 커졌다. 어떤 영상이 잘 되면 괜히 기분이 좋아졌고, 반응이 약하면 아쉬움이 밀려왔다. '난 정말 열심히 했는데…'라는 생각이 머릿속을 떠나지 않았다.

이대로라면 우리는 결국 팀의 색을 찾아가기보다 각자의 색만을 고집하게 되는 방향으로 흘러갈 수도 있었다. 처음엔 협업의 다양성을 위해 시작된 시스템이 자칫 경쟁 중심의 고립된 구조가 되고, 결국 팀워크라는 틀이 무너질 수 있다는 위험이 커지고 있었다. 우리가 처음 원했던 건 '나만의 콘텐츠'가 아니라 '우리의 콘텐츠'였는데, 그 간극을 잊고 있었던 것이다. 그렇게 또 한 번 방향을 다시 설정할 시점이 다가오고 있었다.

|||||||

버티고, 만들고, 다시 기획하는 반복 속에서 마침내 하나의 전환점이 찾아왔다. 바로 환생학교 요괴반. 이 시리즈는 웃소가 처음으로 도전한 장편 콘텐츠였다. 각 영상이 스토리로 이어지는 연작 구성, 하나의 세계관을 중심으로 움직이는 구조. 그동안 우리가 만들어 온 단편 위주의 콘텐츠와는 스케일부터가 달랐다.

총 6편으로 구성된 환생학교 요괴반 시즌 1은 기획자

의 머릿속에 있는 아이디어만으로는 턱없이 부족했다. 이야기의 큰 흐름은 물론 등장인물들의 개성과 배경, 담고 있는 메시지, 게임 방식, 그리고 영상 속에 등장할 미술 소품들까지…. 말 그대로 모든 요소가 유기적으로 연결되어야 했을 뿐 아니라 제작 여건도 만만치 않았다. 로케이션을 빌려야 했고, 외부 출연자를 섭외해야 했으며, 카메라 장비는 기존의 두 배 이상이 필요했고, 촬영 일정은 매우 빡빡했다. 시작도 전에 나는 겁을 먹고 있었다. 스스로 모든 걸 해보겠다고 생각도 해봤지만 혼자서는 무리라는 것을 너무나 당연히 알고 있었다.

그때 고탱이 말을 꺼냈다.

"이 프로젝트는 우리 다 같이 해야 하지 않을까?"

우리는 대답했다.

"그래 맞아. 그럼 촬영은 내가 맡아볼게."
"나는 로케이션이랑 섭외를 담당할게."

환생학교 요괴반 시즌2 4화 촬영날,
우리는 매 촬영마다 기념 사진을 찍었다.

"내가 우리 멤버들 캐릭터를 살려서 대본을 작성할게."

꽤 큰 규모의 프로젝트였던 환생학교 요괴반 제작 회의는 일사천리로 분업화되었다. 모두 마음 한구석에 은근히 '다시 함께 기획하던 그 시절'로 돌아가고 싶다는 바람이 숨어 있었을까? 아마도 나만의 생각은 아니었던 것 같다.

우리는 다시 '함께' 기획하는 방식으로 돌아갔다. 하지만 이번의 '함께'는 예전과는 전혀 다른 모습이었다. 회의는 하루를 넘기기 일쑤였고, 어떤 장면은 며칠을 고민해야 했다. 그런데 이상하게도 그 시간이 힘들지 않았다. 한 사람의 아이디어에 또 다른 사람이 아이디어를 얹고, 그게 또 다른 방향으로 확장되며 상상도 못 한 장면들이 탄생했다.

환생학교 요괴반 시즌 1을 준비하는 데만 한 달 가까운 시간이 걸렸지만, 그 복잡한 과정을 거치며 우리는 '다시 함께 기획하는 법'을 배워갔다. 예전처럼 대충 끼워 맞추는 '분업'이 아니라 진짜로 함께 머리를 맞대고 만드는 '공동 창작' 말이다.

 단 한 사람의 상상이 아닌 팀 전체의 에너지가 모여 하나의 세계를 만든다는 감각. 그건 이전과는 다른 차원의 협업이었다. 우리는 각자의 고유한 색을 지닌 기획자였지만 동시에 서로의 색을 존중하고 섞을 줄 아는 창작자가 되어 있었다.

 시리즈의 마지막 촬영을 마친 날, 나도 모르게 눈물이 왈칵 쏟아졌다. 그땐 너무 힘들어서 흘린 눈물이라고 생각했었는데, 지금 돌이켜보면 그건 '함께 만든 기쁨'이 밀려왔기 때문인 것 같다. 누군가의 손을 잡고, 서로의 아이디어를 이어 붙여 완성한 콘텐츠. 그 감동은 혼자 만들 땐 절대 느낄 수 없는 것이었다.

유형의 아침은 무겁다

우리는 정말 다양한 스타일의 촬영을 한다. 상황극, 게임, 퀴즈, 요리까지—겉보기엔 웃기고 가볍지만, 그 웃음 뒤에는 복잡하고 까다로운 준비 과정이 도사리고 있다. 어떤 건 장소 섭외가 어려워서 며칠을 돌아다니며 섭외 전화를 돌려야 하고, 어떤 건 촬영 세팅만 몇 시간이 걸리기도 한다. 예능 촬영은 우연성이 변수라 마음을 졸이고, 챌린지 촬영은 결과가 실패하면 촬영본 전체가 무용지물이 되기도 한다. 촬영할 때마다 '오늘은 또 어떤 고비를 넘을까?' 하는 생각이 드는 이유다.

그중에서도 '유형 시리즈'는 조금 특별하다. '유형 시리즈'는 웃소의 대표 콘텐츠이자 우리가 가장 공들여 만드는 공감형 코미디인데, 누구나 일상에서 한 번쯤 겪어봤을 법한 장면들을 관찰하고, 그 안의 디테일을 잡아 웃음으로 확장하는 식의 영상이다. 단순히 연기를 잘한다고 끝나는 것이 아니라 촬영을 구성하는 여러 요소의 박자가 맞아야 괜찮은 영상으로 탄생하기 때문에, 우리에겐 매번 다른 실험이고, 매번 다시 처음부터 도전하는 게임 같은 콘텐츠다.

유형 촬영이 있는 날 아침이면 나는 샤워기 물소리보다 내 머릿속 걱정 소리가 더 크게 들리곤 한다. '오늘 웃겨야 하는데…', '다들 컨디션 괜찮을까?', '첫 유형은 누가 하지?' 이런 생각들이 나도 모르게 머리를 휘감는다. '웃으면서 하면 어떻게든 되겠지…?' 같은 혼잣말을 얼버무리면 어느덧 샤워가 끝나고 촬영장으로 떠날 시간이다.

유형 시리즈는 좀 이상한 콘텐츠다. 항상 예상을 빗나가길 좋아하는 사춘기 소녀 같달까…? 대본은 있지만 그대로 흘러가지 않고, 기획은 있지만 뜻대로 되지 않는다. 정형을 거부하는—그래서 더 어렵고 그래서 더 끌리는 콘텐츠다.

"오늘은 어떤 흐름이 나올까, 내 리액션이 괜히 분위기를 깨진 않을까, 너무 튀거나 너무 밋밋하진 않을까…."

웃기려고 애쓰는 순간 오히려 덜 웃기다는 걸 알기에, 그 '애쓰지 않는 자연스러움'을 만들어내려고 고군분투하게 된다. 이렇게 무시무시한데 어떻게 여태 그 많은 유형 영상을 찍어왔나 싶지만 아직 유형 시리즈의 어려운 점은 끝나지 않았다. (우하하.)

웃소에는 배우도, 연출가도, 조감독도 따로 없다. 기획자도 직접 연기를 해야 하고, 배우도 카메라 세팅을 돕는다. 한 사람이 연기하는 동안 나머지는 소품을 제작하거나 주변 상황 통제를 하는 경우도 빈번하다. 예를 들어 '스팸 먹는 유형'에서 해리가 스팸을 구워 먹는 연기를 하는 동안 태훈은 주방에서 최대한 조용히 하며 대형 스팸 꼬

사실 우리는 유형 연기를 하느라
무슨 맛인지 잘 모를 때도 많다.

치를 만들어야 했다. '포켓몬 빵 먹는 유형' 촬영 당시엔 포켓몬 빵을 구하기가 하늘의 별 따기였어서, 촬영하는 동안 디투는 중고 장터에서 웃돈을 주고 포켓몬 빵을 사와야 했고, '물총 싸움 유형'이나 '물놀이하는 유형' 같은 공공시설에서 촬영하는 경우엔 우리 주변으로 다가오는 아이들을 앵글 안으로 오지 못하게 타이르기도 해야 했다.

그런데 촬영장엔 가끔 묘한 정적이 흐른다. 싸운 것도, 누가 삐진 것도 아닌데, 각자 생각이 많아서 그런지 갑자기 말이 없어지는 순간이면(사실 가족처럼 매일 만나는 사람들과 새롭게 할 얘기가 많진 않으니까.) 그 조용함이 금세 공기로 퍼진다. 그렇게 촬영장에 어색함이 흐르면 웃음도, 자연스러움도, 그날의 리듬도 함께 멈춰버린다는 걸 잘 알기에 우리 머릿속엔 비상벨이 울린다.

디투가 기획했던 '배구하는 유형' 촬영이 그랬다. 학교 체육관까지 어렵게 대관했는데, 기획안에 대한 의견 조율은 잘되지 않았다. 디투는 꽤 오래 준비한 기획이었고, 나름의 메시지도 담고 싶어 했다. 하지만 고탱은 하나하나의 유형들이 실제로 영상에서 잘 표현될 수 있을지에 확신이 없었다.

정리가 안 된 마음을 갖고 시작된 촬영은 서로 눈빛만 주고받는 미묘한 어긋남 속에서 계속됐다. 디투는 의욕이 넘쳤고, 고탱은 약간 회의적이었고, 나를 포함한 나머지는 그걸 어찌할 바 몰라 조용히 눈치만 봤다. 그 미묘한 온도 차는 촬영 내내 어색함으로 증폭되었다. 형식적으로는 서로 대사를 주고받았지만, 긍정적인 시너지가 없었다. 즉, 우리 사이의 '공기'가 어긋난 날이었다.

사실 그런 날은 꽤 잦다. 우리끼리도 서로 다른 상황에 상반된 생각을 품을 때도 있으니까. 다만 문제는 그 서먹함이 영상에 그대로 드러난다는 것이다. 그래서 우리는 되도록 빠르게 그 어색함을 짚어내고 털어내려고 노력하고, 아무 말 없이 눈치만 보는 대신 누군가 한 명이 입을 연다.

"지금 분위기 왜 이래? 뭔가 이상하지 않아?"

그 한마디가 분위기를 푸는 물꼬가 된다. 실제로 어떤 날은 촬영을 중단하고 세 시간 넘게 대화를 나눈 적도 있다. 억지로 웃는 것보다 진심으로 마음을 푸는 게 더 빠른 해결책이라는 걸 우리는 오랜 경험을 통해 알고 있었다. 우리 팀에게 '어색하지 않음'은 그냥 좋은 게 아니라 촬영을 위해 반드시 지켜야 하는 기본값이기 때문에. 그래서 우린 분위기를 살피는 데 진심이고, 조금이라도 공기가 어긋난다 싶으면 먼저 물어본다. 우리는 매번 우리 사이의 공기를 읽으며 영상을 찍고, 웃음을 만든다.

그래서 또 하나의 어려운 과제는 웃음을 만들어야 한다는 것이다. '감자탕 먹는 유형' 촬영 날이었다. 어렵게 감자탕집을 섭외해 촬영을 시작했고, 분위기도 괜찮았다. 서로 간의 컨디션도 좋았고, 웃음도 오갔고, 뭔가 막힌다 싶은 기운은 없었다. 근데 이상하게… 카메라에 담기는 장면들이 자꾸만 '무난하다'는 느낌을 벗어나지 못했다. 각 유형이 나쁘진 않은데, 다 어딘가 익숙하고 예상할 수 있는 수준이었달까. (웃기지 못했다는 이야기이기도 하다. 눈물을 닦으며…)

"이거… 감자탕집에서 찍었다는 점 외에 특별한 게 없는데?"

그런 생각이 촬영 중반쯤부터 우리 머릿속에 똑같이 들어왔다. 결국 고탱의 입에서 "잠깐 멈춰볼까?" 하는 말이 나와버렸다.

끓던 감자탕 불을 끄고 우리는 둘러앉아 지금 뭐가 문제인지부터 하나씩 짚어 봤다. 기획 자체는 틀리지 않았지만 평범한 유형들이 모여 전체가 심심해진 것이니, 감자탕과는 큰 연관이 없을지라도 어이없고 특이한 유형이 추가돼야 한다는 결론이 나왔다. 현실에 있을 법한 캐릭터도 좋지만, 약간은 과장되고 어이없는 사람이 하나쯤 등장해야 분위기가 사는 것이다.

원래 내가 맡은 '시래기를 더 좋아하는 형'은 고기 대신 시래기를 더 좋아하는 유형이었는데, 밋밋함을 보완하기 위해 짜증 가득한 표정과 말투로 "아… 안 먹어. 시래기가 없잖아!!!" 하며 갑자기 극대노 연기를 더했다. 그리고 감자탕집 한 편에 있던 아이들 놀이방에서 영감을 얻어, '놀이방에 들어가고 싶지만 못 들어가는 어른' 유형도 추가됐다. '아… 조금만 어렸어도 들어가는 건데….' 라고 말하는 디투의 특유의 능글맞은 연기는 압권이었다.

엔딩의 '볶음밥까지 먹는 유형'은 '금쪽이 패러디'로 재탄생되었다. 머리가 긴 소정이 오은영 박사님을 따라 하고, 실제로도 볶음밥을 좋아하는 해리가 금쪽이를 맡기로 했다. 소정이 머리를 헝클이고는 오은영 박사 패러디에 돌입했다.

"잠시만요, 이 장면 다시 한번 볼게요."

볶음밥을 시키지 않고 자리에서 일어나는 디투와 성희를 저지하며 금쪽이 해리를 주목시켰다.

"금쪽이는 친구들이 일어났을 때 기분이 어땠어?"

그러자 금쪽이 해리 왈,

"나는 볶음밥을 먹고 싶었어…."

얼렁뚱땅 패러디와 성대모사로 점철된 장면이었는데 재밌어서 그대로 살리게 되었다. (참고로 이건 글보다 직접 보는 게 훨씬 재밌으니 꼭 시청하길 추천한다.) 이날 감자탕을 맛있게 먹은 기억은 거의 없다. 길어진 촬영에 자꾸만 졸아든 감자탕에 육수를 부어가며 먹었지만, 결과적으로 유잼을 탄생시켰으니 아쉬움은 없었다.

그만큼 웃음이란 건 많은 요소들의 절묘한 조합으로 탄생된다고 믿는다. 여러 촬영 경험을 통해 촬영에서 가장 중요한 건 장비도 기획안도 아닌, 무엇보다도 촬영장에서의 웃음이 중요하다는 것을 깨닫게 되었다. 우리가 진심으로 웃으며 찍은 날은 편집할 때도 계속 웃게 되고, 영상이 공개된 후에도 그 웃음이 고스란히 전해지지만, 반대로 웃음이 억지로 만들어졌던 날은 편집하면서도 맥이 빠지고 결과물에서도 그 감정이 고스란히 느껴진다.

그런 의미에서 분위기를 여는 '첫 유형'은 중요하다. 그

날 촬영장의 흐름을 좌우하는 사람이기 때문에 첫 유형을 맡는 멤버가 활기차게 시작하면, 이후 분위기도 자연스럽게 따라간다. 이미 아시다시피 웃소에서 그 역할을 자주 맡는 건 고탱이다. 주변 시선을 신경 쓰지 않고 갑작스럽게 춤을 추거나 소리를 지르는 등 '고탱스러운' 오버로 분위기를 끌어올린다. (어쩌면 리더로서의 책임감에서 비롯된 행동일지도 모르겠다.)

고탱이 노력형이라면 해리처럼 웃수저를 물고 태어난 사람도 있다. 해리는 유형 연기를 할 때 유독 긴장하는데, 그 모습이 오히려 묘하게 나머지 멤버들의 긴장을 풀어주곤 한다. 특유의 하이톤으로 칭얼거리는 연기를 할 때면 당혹스러움과 웃음이 동시에 터져 나와 촬영장 분위기가 한층 가벼워진다.

첫 유형 연기자가 그런 나름의 희생을 해주면 나머지 멤버들도 리액션으로 힘을 보탠다. 누구의 연기가 너무 웃기면 정말 박수 치며 웃고, 카메라로 촬영본을 돌려본다. 좋은 반응이 돌아오면 그건 자연스럽게 자신감으로 이어지고 더 과감한 연기로 발전한다. 서로의 리액션은 웃음의 기폭제이자, 촬영장의 에너지 원천이다.

 이런 순간들이 쌓이며 촬영장은 점점 웃소만의 공기를 갖게 되었다. 낯선 사람 앞에서도 흐트러지지 않는 그 공기는 하루아침에 만들어진 것이 아니라 수백 번의 촬영과 수많은 대화, 그리고 각자의 노력이 만들어낸 결과다. 그건 우리만의 자부심이다.

 물론 촬영이 있는 날 아침이면 여전히 긴장되고 고민된다. 반복되는 일정 속에 지치기도 하고, 웃음에 대한 부담이 느껴질 때도 많다. 멤버들 사이가 어색하거나 스타일이 충돌할 때도 있다. 하지만 그럴 때마다 우리는 같은 문장을 떠올린다.

 우리가 재미있어야 한다는 건 단순한 기준이 아니라, 우리가 서로를 지키는 방식이고, 영상에 진심을 담는 방식이다. 우리가 진짜 웃어야 영상이 살아나고, 그 웃음이 결국 누군가의 하루에 닿을 수 있다는 걸 알고 있기 때문에.

그래서 나는 여전히 촬영이 좋다. 힘들어도, 결국 다시 하고 싶어지는 일이니까.

각자의 화면에,
각자의 자막을

해리의 마이크

우리는 지난 몇 년간 각자 돌아가며 영상을 기획하고 촬영, 편집하는 자체 시스템을 만들어 유지해 왔다. 한 달에 두 편씩 영상 편집을 담당했고, 이 시스템은 꽤 오랫동안 이어졌다.

물론 '담당자'라고 해서 처음부터 끝까지 혼자서 영상을 만드는 것은 아니다. 주제를 제안하는 역할은 담당자가 맡지만, 아이디어는 모두가 함께 보탠다. 때로는 함께 주제를 정한 뒤, 담당자가 세부 기획을 이끌어가는 방식으로 진행되기도 하는데, 어떤 방식이든 웃소의 영상은 늘 멤버 각자의 손길이 닿아 있고, 촬영 역시 협업을 통해 자연스럽게 완성된다.

하지만 편집은 조금 다르다. 이 과정에서는 개인의 성격, 가치관, 그리고 고유의 웃음 코드가 고스란히 드러난다. 그래서인지 편집을 하다 보면 자막 속 말투나 흐름에서 '아, 이건 내 스타일이다.' 싶은 순간이 생긴다. 나도 모르게 나만의 색깔이 영상에 스며들기 때문이다.

편집에는 어느 정도의 정답이 존재하기도 하지만, 동시에 각자의 장점을 살릴 수 있는 다양한 방식이 있다. 예를 들어 소정과 우디는 보드게임 룰을 설명할 때 애니메이션 효과나 CG를 많이 활용하는 편이고, 나는 자막으로 규칙을 정리해 전달하곤 한다. 물론 내가 CG나 특수효과에 익숙하지 않기 때문이기도 하고(ㅋㅋ), 무엇보다 그 작업은 시간이 오래 걸리는 단점도 있다.

자막 작업에서도 멤버들 각자의 개성이 뚜렷하게 드러난다. 태훈은 자막을 신중하게 사용하는 편으로, 자막보다는 배경음악이나 효과음으로 편집자의 의도를 표현하는 스타일이고, 고탱은 편집자의 의견보다는 시청자의 이해를 돕는 데 집중한다.

우디는 누군가를 놀리기 위한 자막은 전혀 쓰지 못하고, 성희는 상황 설명을 섬세하게 담아 시청자의 이해도를 높인다. 디투는 유행하는 표현이나 밈을 잘 활용해 자막으로 웃음을 유도하며, 소정은 여러 채널에서 편집자로 일한 경험 덕분인지 자신의 색을 드러내기보다 콘텐츠나 기존 채널 스타일에 맞춰 자막을 구현한다. 그리고 나는 내 모습이 등장할 때는 칭찬으로 도배하거나, 반대로 가혹할 정도로 놀리는 자막을 쓰곤 했다. 자막만 봐도 편집자를 알아볼 수 있다는 건, 그만큼 편집이 우리 개성과 노력이 가장 뚜렷하게 드러나는 작업이라는 뜻이다. 그래서일까, 편집은 언제나 가장 많은 시간과 에너지를 들이게 되는 일이었다.

편집은 '새로운 맛'과 '익숙한 맛'을 동시에 추구해야 하는 작업이다 보니, 영상 하나를 완성하는 데 짧게는 3~4일,

길게는 일주일 이상이 걸렸다. 한 달에 두 편을 맡으면, 사실상 한 달의 절반은 편집에 매달리게 되는 셈인데, 출근해서 영상 기획부터 촬영 일정까지 소화하다 보면 편집은 중간중간 짬을 내어 틈틈이 해야 했고, 무엇보다 '편집 시간을 각자 어떻게 확보하느냐'가 중요한 과제였다.

그래서 우리는 전체 스케줄을 짤 때도 누가 어떤 편집을 맡고 있는지를 고려해야했다. '하찮은 케이크 만들기 대회' 촬영 막바지에 웃소 채널 5주년 축하 파티가 있었는데, 당시 디투도 현장에 있었지만 본 촬영에는 등장하지 않았다. 그 이유는 '삼자검증 - 당근 리코더' 편집에 한창 집중하고 있었기 때문이다. 이렇게 편집 작업 시간을 확보하기 위해 촬영과 편집 사이에서 균형을 잡는 건 늘 우리의 중요한 일이었다.

하지만 편집을 이유로 촬영에 계속 빠지기도 어렵고, 항상 소수 멤버로만 촬영을 기획하기도 쉽지 않았다. 결국 정해진 업로드 시간에 맞추려면 촬영이 끝난 후 저녁 시간이나 주말을 활용할 수밖에 없었기에, 그래도 항상 시간이 빠듯했다. 나는 업로드 지각을 자주 하는 편이어서 멤버들뿐 아니라 시청자들에게도 늘 미안했는데, 그런 나와는 달리, 시간을 철저히 지키는 사람이 있었으니 바로 성희였다.

"우리 근무 시간에 은근히 남는 시간이 많다니깐…. 그때 편집하면 오늘 남아서 편집 안 해도 돼."

성희는 잠깐의 여유 시간이 있다면 노트북을 꺼내 편집을 시작했다. 점심시간은 물론, 촬영이 끝나고 잠깐의 휴식 시간에도 노트북을 놓지 않았다. 그래서 성희가 편집 때문에 야근하는 모습을 본 적이 없다. (어차피 일찍 자는 성희는 밤 11시 전에는 자야 해서 야근은 무리였겠지만.)

같은 낮 시간을 보내고 있었지만, 성희는 웃소 영상뿐 아니라 자신의 채널인 '피글로그' 편집까지 해내고 있었던 반면 나는 매번 저녁 늦게까지 편집을 해야 했다. 그 차이를 생각하다 보니, 단순히 '시간을 얼마나 효율적으로 쓰느냐'의 문제만은 아닌 것 같았다.

우리는 편집을 대하는 방식과 중요하게 여기는 포인트 자체가 달랐다. 성희는 최대한 많은 컷을 빠르게 정리하고 템포를 살리는 데에 집중했다면, 나는 시청자가 물음표를 가지지 않도록 만드는 것을 가장 중요하게 생각했다. 그래서 나는 컷 사이의 흐름과 자막 하나까지도 꼼꼼히 챙기며, 보는 사람이 놓치지 않고 따라올 수 있도록 편집했다. 영상의 흐름을 자연스럽게 이끌어주는 것이 내가 생각한 '편집자의 역할'이었다.

1차 편집이 끝나면 우리끼리 비공개 시사를 진행했다. 웃소를 10년간 하면서 가장 긴장되는 순간을 꼽자면, 바로 이 시사 시간이다. 특히 편집한 의도대로 웃음이 나와야 하는데 정적만 흐른다면—심장이 쿵쾅거리고, 겨드랑이는 땀에 젖고, 나는 컴퓨터 화면만 뚫어지게 바라보느라 고개를 들 수가 없다. 마치 회심의 개그를 던졌는데, 아무도 이해하지 못하고 모두가 멀뚱멀뚱 나를 바라보는 기분이랄까.

반대로, 의도한 대로 웃음이 '빵' 터지는 순간이 오면 그만큼 희열을 느끼는 순간도 드물다. 이 시사회가 끝나면 우리는 각자의 피드백을 주고받으며 편집을 보완하고, 새로운 아이디어를 더해 영상을 더 재밌고 완성도 높게 만들어간다. 예를 들어 '거짓말 챌린지'에서 디투가 짜장이 없는 생면을 확인하고 좌절하는 느낌을 살려주기 위해 '쾅' 효과음을 사용했고, 이는 디투가 느끼는 감정을 시청자에 보다 쉽게 이해시켜주며, 웃음을 유발할 수 있었다.

초창기 고탱은 사람들의 시선을 끌고 지루하지 않게 하려면 영상은 짧을수록 좋다고 믿었다. 실제로 우리는 3분에서 5분짜리의 짧은 영상을 주로 만들었고, 그 전략은 통했다. 덕분에 2017년 웃소는 구독자 수 20만 명을 돌파할 수 있었다.

하지만 한국의 유튜브 시장은 빠르게 변하고 있었다. 사람들이 유튜브를 통해 콘텐츠를 소비하는 시간이 점점 길어졌고, 결국 유튜브는 10대부터 60대까지 전 세대를 아우르며 앱 사용 시간 1위를 기록했다. 점차 유튜브가 TV의 자리를 대체하고 있었고, 우리도 그 흐름에 맞춰 변화해야 했다. 그래서 2018년부터 영상의 길이를 점차 늘려갔지만, 단순히 길기만 한 영상으로는 부족했다. 그에 맞춰 기획, 촬영, 편집까지 모든 부분의 퀄리티도 함께 높여야 했다.

'오늘 하루만 영업합니다!' 콘텐츠는 촬영 준비에만 무려 5일이 걸리기도 했다. 촬영 일주일 전부터 배경의 현수막을 디자인하고, 인쇄와 배송 일정을 계산해 제작에 들어갔으며, 필요한 소품을 알아보고 대여하는 사전 작업도 빼놓을 수 없었디. 촬영 당일에는 세트장을 준비하는 데만 반나절이 넘게 걸려, 이 시리즈의 촬영은 대부분 저녁 시간에 이루어졌다.

6~7명의 멤버가 각자 카메라를 들고 개인 촬영을 하거나, 여러 장소를 오가며 진행하는 콘텐츠가 많아지면서 당연히 촬영 시간은 더 길어졌고, 편집 과정도 점점 더 복잡해졌다. 여러 사람이 각자 다른 방식으로 찍은 영상을 하나로 엮어야 하다 보니 편집의 난이도는 물론, 부담도 커졌다.

우리가 지향하는 '웃소스러움'은 단순한 재미를 넘어서, 팀이 함께 쌓아온 감정과 가치관이 담긴 것이었다. 다행히 멤버들이 기획 회의부터 촬영까지 직접 참여하면서 서로의 의도와 흐름을 이해하고 있었기 때문에 결과물이 전혀 엉뚱하게 나오진 않았다. 그러나 콘텐츠의 형식과 방식이 다양해지면서 그 '웃소스러움'을 유지하는 일은 점점 더 어려워졌다. 그래서 이 시점부터는 나 혼자만 이해할 수 있는 콘텐츠가 아니라, 누구나 쉽게 이해하고 공유할 수 있는 기획안을 작성하기 시작했다. 기획 의도부터 전체 흐름, 카메라 배치, 촬영 장소의 구조까지 구체적으로 정리해, 팀 전체가 같은 방향을 바라볼 수 있도록 했다.

완성된 영상만 보면 그저 재밌게 느껴질 수 있지만, 그 안에는 수많은 시행착오와 조율의 과정이 담겨 있다. 하나의 영상을 만들기 위해 여러 사람이 끊임없이 소통하고, 방향을 고민하며 생각을 맞춰가는 과정에서 우리는 점점 '척하면 척'하는 팀워크를 쌓아갔다. 함께하는 사람들의 성장을 지켜보며, 웃소가 하나의 팀으로 단단해지고 있다는 것을 실감할 수 있었다.

업로드는 오늘인데
편집이 안 끝났다니…!

　기획, 촬영, 편집 중에서 무엇이 가장 중요한가를 묻는다면 선뜻 답하기는 어렵다. 하지만 가장 많은 시간을 쓰게 되는 건 단연 편집이다. 무엇을 기획하고 어떻게 찍었는지도 물론 중요하지만, 결국 보여줄 이야기를 최종적으로 결정하는 건 편집이기 때문이다.

　웃소의 합숙 콘텐츠처럼 멤버 7명이 동시에 웃고 떠들며 정신없는 장면에서는 두 인물만 확대하고 그들만의 대화에 자막을 붙이는 순간 시청자는 자연스럽게 그 이야기에만 집중하게 된다. 반대로 가만히 앉아 있는 멤버에게

"배고프다."라는 자막을 붙이면, 그 사람은 배고파서 멍하니 있는 것처럼 보인다.

이렇듯 편집은 무수한 선택지 속에서 하나를 골라내는 작업이다. 완벽한 편집은 존재하지 않는다는 말이 그래서 나온 걸까? 우리는 편집이 완성되어 유튜브에 업로드하는 게 아니라, '업로드할 시간이 되었기 때문에' 영상을 말 그대로 떠나보낸다. 아쉬운 부분이 있더라도 계속 붙잡고 있을 순 없다. 업로드 일정은 정해져있고, 우린 다음 영상에서 더 잘하면 되니까. 그래서 편집 작업에서 가장 중요한 덕목은 결국… 마감을 지키는 것이다.

시청자와 약속한 업로드 시간이 우리에겐 최종 데드라인이다. 물론 미리 편집을 끝내두는 것이 가장 이상적이겠지만, 요즘처럼 트렌드가 빠르게 바뀌는 환경에서는 속도를 맞추는 것이 가장 중요하다. 더 많은 사람들과 생생하게 호흡하고자 촉박한 일정 속에서 제작을 이어가다 보면, 업로드 직전까지 편집을 붙잡고 있는 일도 비일비재하다. 그래서 누군가 '편집을 미리 끝냈다'고 말한다면 지금 아주 행복한 꿈을 꾸고 있는 건 아닐지 의심해 볼만하다.

 토요일 업로드를 맡은 사람은 아주 특별한 주말을 보내게 된다. 아무리 작업이 얼마 남지 않았다 하더라도 긴장되는 날. 분명히 업로드까지는 여유가 있다고 생각했는데 시간은 눈 깜짝할 사이에 흐른다. 작업하며 마시려고 사둔 아이스 아메리카노는 이미 얼음이 다 녹은 지 오래. 컵에 맺힌 이슬만 뚝뚝 떨어진다. 얘가 나 대신 울어주는 걸까? 커피와 함께 시킨 샌드위치는 식어서 딱딱하게 굳었다. 먹으면서 마감을 하겠다는 2시간 전의 나 자신이 참 여유로워 보인다.

 '새로운 메시지가 있습니다.'

 웃소 단톡방에 '오늘 업로드는 어떻게 돼 가?'라는 안부 인사가 도착한다. 알림은 봤지만, 답장할 여유는 없다. 아차, 썸네일도 부탁해야지! 부랴부랴 단톡방에 들어가 편집은 잘 되고 있다고 둘러대고, 썸네일 제작을 부탁한다. 그러면 어김없이 "내가 해볼게!"라며 손을 내밀어 주는 팀원들. 바쁠 때일수록 이런 반응이 고맙고 든든하다.

업로드 30분 전. 드디어 무사히 '출력' 버튼을 눌렀다. 아까는 바빠서 답을 미뤘지만, 이제는 당당히 "출력 중입니다."라고 메시지를 보낸다. 멤버들이 만들어준 썸네일을 보며 영상의 제목 후보를 몇 개 적어본다. 반응이 가장 좋을 법한 조합을 골라 업로드 세팅을 마무리한다.

'새 영상이 업로드되었습니다.'

핸드폰에 울리는 알림을 확인한 뒤에야 비로소 긴장이 풀린다. 허기진 배를 느끼며 뜨끈해진 맥북을 덮으면 오늘도 무사히 해냈다는 보람이 밀려옴과 함께 다짐한다. 다음엔 조금만 더 여유롭게 마감하자고. 그렇지만 편집은 자막 하나, 효과 하나까지 사람 손으로 만드는 일이다 보니 가끔은 실수가 생긴다. 자막에 오타가 있거나, 공들여 넣은 효과가 누락되어 영상이 공개되는 일도 있다. 물론 이런 실수가 아예 민망하지 않다면 거짓말이겠지만, 우리는 이를 큰 문제로 여기기보단 웃고 넘기는 편이다.

찜질방 모두 먹방
(https://www.youtube.com/watch?v=u4OA7DzN3JI)

원썬 아냐 원썬?

문제의 두 장면.
시청자들이 부디 너그러이 이해했길 바라며….

웃소는 실수를 인정하고 함께 웃어넘길 수 있는 분위기를 중요하게 생각한다. 물론 같은 실수가 반복되면 조심하자고 짚고 넘어가지만, 대부분은 "아이고~ 또 나왔네~" 하며 툭툭 털고 지나간다. 실제로 있었던 몇 가지 실수를 소개해 볼 테니 여러분도 함께 웃어보기를 바란다.

'찜질방 합숙 콘텐츠'를 만들던 어느 날, 편집 과정 중 자막에 "참고 영상: (링크)"라는 전달 메모가 임시로 남아 있었는데 편집자가 깜빡하고 그 자막을 지우지 않은 채 영상을 출력해 버렸다. 결국 그 링크가 영상에 그대로 올라간 것이다. 이를 본 시청자 중 일부는 "어? 이거 나만 보이는 건가?"하며 잠시 혼란에 빠졌다.

링크가 화면 한가운데 버젓이 떠 있는 모습을 보면 우리도 어처구니가 없으면서도 웃음이 터진다. 너무 자연스럽게 들어가 있어서 오히려 "이거 새로운 기능인가?"라는 착각까지 불러일으킬 정도였다.

또 다른 사례는 '노래방 아무 번호나 눌러서 노래하기'

영상에서 벌어졌다. 한 래퍼의 이미지를 참고용으로 넣으려 했는데, 영상 출력 직전에 파일 정리 도중 이미지가 누락되어버렸다. 결국 '참고용 이미지'라는 설명만 남고 정작 이미지는 사라진 상태로 영상이 올라간 것이다. 참고할 게 전혀 없는 '참고 자료'가 되어버린 셈이다.

다행히도 이 영상은 워낙 어이없고 웃긴 내용이라, 오히려 그 '미씽 파일'마저 병맛스러움을 더해주는 요소가 되었다. 덕분에 시청자들도, 우리도 웃으며 넘길 수 있었고, 결국 작은 해프닝으로 기억됐다. 우리는 완벽한 콘텐츠를 만들기 위해 모인 게 아니라 함께 만드는 과정을 즐기기 위해 모인 사람들이기에, 때때로 생기는 사소한 실수는 웃고 넘기는 것이 더 건강한 문화라고 믿는다. 물론 오타는 여전히… 조금 부끄럽긴 하지만.

그 마음은 내가 웃소를 떠나 군복무 중일 때도 변하지 않았다. 물리적으로는 멀어졌지만, 업로드가 되는 날이면 마치 내가 그 자리에 있는 것처럼 느껴졌다. 때로는 편집이 늦어져 다음날에 영상이 올라오는 날도 있었고, 자잘한

환생학교 요괴반 촬영 이후 촉박한 일정 탓에
주차장에서 업로드를 하는 웃소.

실수가 보이는 날도 있었지만, 이상하게도 그게 더 반가웠다. 완벽하지 않아도 괜찮았다. 여전히 누군가 이 영상을 만들고 있다는 사실, 그 과정을 함께하고 있다는 느낌이 더 중요했으니까.

시청자의 입장에서 웃소를 바라보니 그 가치가 더 선명해졌다. 콘텐츠를 만든다는 건 단순히 '재미'를 주는 걸 넘어 누군가의 일상에 온기를 보태는 일이란 걸. 그리고 그 온기는 꼭 매끈한 편집이나 정확한 업로드 시간에서만 오는 게 아니었다. 부족한 부분도, 예상치 못한 실수도 웃으며 받아들이는 마음에서 비롯된다는 걸 깨달았다. 그래서 다시 웃소로 돌아간다면, 마감에 쫓기는 팀원 곁을 지켜주는 사람이 되고 싶었다. 완벽하게 해내는 것보다, 함께하는 그 시간의 의미를 아는 사람. 누군가의 하루를 환기하는 콘텐츠가 오래도록 이어질 수 있도록, 그 작은 숨통이 되어주고 싶었다.

시간이 흘러, 전역 후 나는 다시 웃소로 돌아왔다. 익숙하면서도 어쩐지 조심스러운 자리였다. 그 사이 웃소는 또 다른 방식으로 성장했고, 나는 잠시 그 곁을 비워두었으니까. 편집 타임라인 앞에 다시 앉았을 때, 손에는 힘이 들어갔고 마음 한편엔 '잘하고 있는 걸까?' 하는 불안이 따라다녔지만, 팀원들은 나를 예전처럼 맞아주었다.

콘텐츠를 올린 지도 벌써 여러 해가 지났지만 업로드 날이면 여전히 긴장된다. 내가 마감을 맡지 않은 날에도 업로드 창을 보고 있는 기분이 든다. 누군가는 지금 식어버린 커피 옆에서, 초고속으로 흐르는 시간을 쫓고 있을지도 모르니까. 그렇게 영상 하나가 완성되고, 핸드폰에 '새 영상이 업로드되었습니다.'라는 알림이 울리는 순간 그제야 확실히 느낀다. 내가 왜 이 자리에 다시 오고 싶었는지!

도전!
근데, 와 망했다!

웃소는 항상 새로운 콘텐츠를 위해 회의하고, 늦은 시간까지 촬영하며, 끝도 없이 편집을 반복한다. 이 과정은 매번 힘들고 고되지만 그만큼 보람있고, 특히 영상이 업로드된 후 구독자들이 댓글로 함께 웃어줄 때는 정말 뿌듯하고 행복하다. 하지만 노력한 만큼 결과가 따라주지 않는 순간도 수없이 많다.

"야, 이번 영상 완전 배낚시다!"
"그거보단 낫지! 한… 3배낚시 정도?"

우리가 '망한 콘텐츠'를 이야기할 때 빠지지 않고 등장하는 단골 예시는 바로 '배낚시' 영상이다. 이 영상은 2017년에 업로드된 웃소의 아주 초기 콘텐츠로, 당시 다른 영상들은 꾸준히 조회수가 오르고 있었지만 이 영상만큼은 이유를 알 수 없을 정도로 몇 년이 지나도록 조회수 10만을 넘기지 못했다. 이후 우리가 종종 언급하면서 겨우 10만을 넘기긴 했지만, 여전히 웃소 내부에서는 망한 콘텐츠를 의미하는 상징적인 단어로 쓰이고 있다. 유튜버에게 영상 제작은 단순한 취미가 아니라 명백한 일인데, 망한 콘텐츠라며 웃어넘긴다고? 의아할 수 있지만 거기에는 우리 나름의 이유가 있다.

배낚시 딱지가 붙은 대표적인 콘텐츠는 2022년에 다 같이 떠난 유럽 여행 시리즈다. 이 여행의 시작은 '혼밥회식' 시리즈 중 '도시락 쟁탈전' 편에서 고탱이 걸었던 상품에서 시작됐다. 그 영상에서 고탱은 '딱 한 사람만 못 먹게 될 시 웃소 전원 해외여행'을 보내주겠다는 파격적인 조건을 걸었는데, 드라마같이 성희가 혼자 도시락을 못 먹게 되면서 우리 모두는 갑작스레 유럽 여행을 떠나게 됐다.

그것도 프랑스 파리로!

웃소와 함께 가는 첫 유럽 여행이라니. 그러나 나는 기쁨과 동시에 걱정도 밀려왔다. 항공권에 숙소, 식비까지— 계산기를 두드려보니 비용이 거의 경차 한 대 값에 육박했다. 모든 비용을 웃소 예산으로 감당해야 했기에, 멤버들 모두 대체 몇 편은 찍어야 본전을 뽑을까? 하는 복잡한 계산 속에서 비행기에 올랐다. 기대와 불안이 교차하는 기분은 비단 나뿐만이 아니었다. 모두가 기쁘면서도 이 참에 최대한 많은 콘텐츠를 찍자고 다짐한 얼굴들이었다.

7박 9일의 일정, 항공권만 해도 1인당 150만 원이 넘었고, 파리라는 도시의 살벌한 물가는 우리를 한껏 압박했다. 마음 편히 여행만 즐길 수는 없었다. 우린 이 여정을 반드시 콘텐츠로 남겨야 했다.

그렇게 유럽 여행 기간동안 무려 다섯 편의 대규모 콘텐츠를 촬영했다. 그중 하나는 파리에서 디저트 100개를 사서 먹는 영상이었는데, 문제는 그 디저트 하나하나가 무려 만 원이 넘었다는 점이었다. 영상 하나에 수십만 원어치의 디저트를 쏟아붓는 건 전에도, 후에도 없을 꽤 도전적인 콘텐츠였다. 디저트의 나라 프랑스였기에 가능한 시도였고, 촬영 후 디저트가 너무 많이 남은 것이 아까웠던 태훈은 결국 밤마다 일어나 야금야금 먹어 치우기도 했다.

하지만 이 여정은 곧 체력과 컨디션이라는 현실의 벽에 부딪혔다. 시차 적응도 되지 않은 상태에서 시작된 촬영 강행군에 다들 점점 지쳐갔다. 감기 몸살은 돌아가며 우리를 쓰러뜨렸고, 몸은 고단해졌지만 멈출 수는 없었다. 이미 너무 큰 비용이 투입된 상황이었기 때문이다. 그렇게 촬영을 끝낸 우리는 고생 끝에 낙이 오리라는 믿음 하나로 한국으로 돌아왔다.

편집하며 다시 마주한 영상들은 꽤 괜찮아 보였다. 완성도도 높았고, 촬영 당시의 분위기도 좋아서 이번 시리즈는 성공할 거라는 기대와 설렘이 컸다. 그런데 첫 영상을 업로드한 날, 우리의 기대는 서서히 무너지기 시작했다. 한 시간, 두 시간이 지나도 조회수는 기대만큼 오르지 않

힘들었지만
그래서 가장 기억에 남았던 파리.
같이 가서 더 아름다웠다.

왔고, 예상치 못한 반응에 우리는 점점 당황했다.

"왜지… 촬영도 편집도 잘 됐는데…?"

다섯 편의 영상을 모두 업로드한 뒤, 우리는 유럽 여행 콘텐츠에 대해 분석하고 돌아보는 시간을 가졌다. 속으로는 다섯 개 중 하나쯤은 반응이 좋지 않을까 기대했지만 결과는 전혀 예상 밖이었다. 정말 잘될 거라고 믿었기에 왠지 억울하고 분했다. 열심히 준비했는데 결과가 따라주지 않자 여행 후 팀 분위기까지 무거워졌다.

하지만 이 실패는 오히려 우리에게 전략적인 콘텐츠 제작의 계기가 되었다. "프랑스도 좋았지만, 콘텐츠를 생각하면 사람들이 많이 가는 일본이 낫지 않을까?" 하며 기획 방향을 수정하고, "이번엔 자막 스타일을 조금 더 심플하게 해보자." 하며 편집 톤을 바꾸고, "노출이 안 돼서 그런 걸 수도 있으니까 쇼츠도 한번 만들어보자." 하며 각자 방식으로 분석하고 시도했다.

우리는 왜 망한 콘텐츠를 웃음 소재로 삼으며 이렇게 자주 이야기하는 걸까? 어쩌면 그건 우리에게 꽤 중요한 일이기 때문이다. 결과만으로 콘텐츠를 평가하면 실패한 영상에는 아쉬움만 남는다. 하지만 그 과정을 다시 떠올려 보면 얻은 것이 분명 있다. 우리가 어떤 아이디어에서 시작했는지, 어떤 장면을 만들기 위해 발로 뛰고 고생했는지, 편집하면서 얼마나 고민했는지를 되짚어보는 그 시간은 결과 이상의 무언가를 준다. 그 모든 과정이 실패조차 우리 팀의 기억이 되고, 관계가 되고, 다음 콘텐츠를 더 단단하게 만든다.

유튜브는 참 알 수 없는 플랫폼이다. 온 힘을 다해 만든 콘텐츠가 조용히 묻히기도 하고, 대충 찍은 것처럼 보이는 영상이 예상치 못한 반응을 끌어내기도 한다. 어떤 영상이 잘 될지, 언제 반응이 올지, 아무도 모른다. 그래서 우리는 늘 '망한 콘텐츠'를 담담히 받아들이며 다시 다음을 준비한다.

어쩌면 '배낚시'는 웃소에게 실패의 상징이 아니라 팀

워크의 상징일지도 모른다. '배낚시'라는 이름으로 우리는 실패를 재치 있게 기억했고, 그 기억 덕분에 좌절보다는 웃음으로 다음을 준비할 수 있었다. 실패도 함께 겪으면 추억이 되고, 그 추억이 쌓이면 팀이 된다. 그리고 우리는 그 팀으로 또 다음 콘텐츠를 만든다. 언제나 그랬듯, 이번엔 잘되기를 바라면서.

그렇게 기른
우리의 지속하는 힘

 어릴 때 만화영화를 보다 보면 주인공이 한없이 부러워지는 순간이 있었다. 늘 고난과 역경이 다가오지만, 그럴 때마다 좌절하다가도 결국엔 맞서 싸워 이기는 바로 그 순간. 그리고 그 힘의 원천에는 늘 조력자인 친구들과 동료들이 있는 것. 난 그런 팀을 볼 때마다 부러움을 넘어서 막연한 동경까지 느끼곤 했다.

 어떤 모험이든 서로 믿고 의지할 수 있는 친구만 있다면 나도 저 주인공처럼 어떤 역경과 고난이 찾아와도 다 이겨낼 수 있을 것 같았다. 그리고 그게 지금의 바로 웃소다. 난 꿈을 이룬 셈이다.

고탱은 온라인 비디오라는 세상으로 모험을 떠났고 자연스럽게 나와 해리, 성희는 그 여정에 합류했다. 그리고 우디, 태훈, 소정까지 모였다. 수많은 고난과 역경 속에서도, 우리가 꿈꾸던 만화 속 캐릭터들처럼 서로 믿고 의지하며 하나하나 이겨냈고, 마침내 10주년이라는 자리에 함께 설 수 있게 됐다.

그러게. 이 만화영화 같은 일이 우리한테는 현실이라니? 우리도 새삼 놀랍다. 어떻게 우리가 10년이라는 시간을 함께 모험할 수 있었을까? 어쩌다 이렇게 길고도 쉽지 않은 모험을 자처하게 되었고, 심지어 앞으로도 계속 할 생각을 하게 된 걸까? 답을 찾기 참 어려운 질문이지만 웃소 멤버들과 토론 끝에 내린 결론은 두 가지였다. '대화', 또 하나는 '보람'.

7명은 참 달라도 너무 달랐다. 연인 둘만 있어도 성향이 달라서 죽어라 싸우기 마련인데, 7명이 모인 웃소는 오죽했을까. 놀랍게도 큰 싸움은 없었지만 차라리 싸우는 게 나을 정도로 서로 오해하고 서운해하는 순간이 많았고, 그런 감정들은 점점 쌓여만 갔다.

우리는 원래 친구였고, 처음부터 '일'을 함께하기 위해 모인 사이는 아니었다 보니 '친구로서의 나'와 '일하는 나' 사이를 오가는 것이 쉽지 않았다. 그 전환이 어색했고, 그 틈에서 생겨나는 오해와 갈등도 참 많았다. 사수가 내게 일을 가르쳐주는 건 당연하고 고마운 일인데, 그게 친구가 되면 이야기가 달라졌다. 친구가 내 작업물을 보고 피드백을 주는 일이 어느 순간 자존심을 건드리기도 했고, 감정적으로 받아들여질 때도 있었다.

웃소로 돈을 벌고, 재미있게 이 일을 계속할 수만 있다면 더 이상 바랄 게 없을 것만 같았는데, 막상 웃소가 회사가 되자 예상치 못한 문제들이 하나둘 생겨났다. 이제 웃소는 더 이상 우리에게 더 이상 '재미'만을 위한 활동이 아니었고, 실제로 많은 것을 걸어야만 하는, 말 그대로 각자의 생계가 걸린 일이 되어버린 것이다. 즐겁자고 시작했던 일이 점점 부담이 되고 무게가 쌓이면서 서로에게 상처를 주는 상황도 생기기 시작했다.

우리는 그저 함께 잘 노는 방법만 알았지, 함께 일하는 방법이나 진지하게 대화하는 법은 잘 몰랐다. 조금 서운한 일이 생겨도 농담으로 넘어가거나, 화가 나는 일이 있어도 장난으로 덮어 넘기기 일쑤였다. 아마도 다들 원래 관계와 업무 관계 사이의 어색함과 민망함을 떨치려고 더 그랬겠지만 그렇게 서로가 어색하고, 뚝딱거리며, 민망해하던 사이 우리의 본업인 영상 제작은 날이 갈수록 더 어려워졌고, 결국에는 해결 방법을 찾아야만 하는 순간이 오고 말았다.

우리가 '대화'의 문제를 해결하기 위해 생각해 낸 방법은 바로 '월요 미식회'였다. 이름만 보면 '월요일마다 맛있는 거 먹으러 가는건가?'라고 생각할 수도 있겠지만 실상은 상상과 꽤 많이 달랐다. 맛있는 음식은 그나마 솔직하게 속마음을 꺼내는 걸 어려워하는 우리를 위해 분위기를 덜어보고자 마련해 둔 작은 장치일 뿐, 체하지만 않으면 다행이었다.

나는 솔직히 월요 미식회가 탐탁지 않았다. '속상한 일이 생겨도 어른이면 알아서 혼자 해결해야지. 이걸 언제 다 꺼내서 이야기하고 있나' 싶었다. 일도 바쁜데 말이다. 처음부터 회의적이었던 나는 회를 거듭할수록 그 생각이 더 강해졌다. 내 진심을 꺼내는 것도 버거웠지만, 누군가 내게 피드백이란 이름으로 꺼내는 진심을 듣는 일도 그리 쉽지 않았다. 속으로 '다들 왜 이렇게 소심해?'라며 투덜거리기도 여러 번이었다.

'업무 이야기하는 단톡방에서 너무 쓸데없는 말을 많이 하지 말아줬으면 좋겠어.'
'장난이더라도 위협적인 행동이나 욕설은 삼갔으면 좋겠어.'

내가 월요 미식회를 하며 들은 말들이었다. 좀 재밌자고 업무 단톡방에서 드립 좀 날렸을 뿐인데, 친한 사이라고 생각해서 장난 좀 걸었던 것뿐인데 이런 이야기를 들어야 하나? 억울하고 서운한 감정이 앞서 나도 나름대로 서운했던 일을 찾아 말을 꺼냈다.

'너무 사소한 것까지 뭐라 안 했으면 좋겠어.'
'주말에 뭐 했는지 매번 물어보지 않았으면 좋겠어.'

지금 봐도 참 사소한, 그냥 투정일 뿐인 이야기들을 그때는 마구 막 꺼내버렸다. 나도 모르게 '당했으니 나도 갚아야지'하는 마음이 은연중에 작동하고 있었던걸까. 그렇게 시답잖은 이야기를 마치 중요한 일처럼 풀어내기 시작하면서 우리는 참 다양한 이야기를 나눴다.

하지만 생각보다 월요 미식회는 쉽지 않았다. 오해와 서운함을 잘 풀고 더 가까워지자는 마음에서 시작했는데, 어째서인지 조금씩 상처만 더해지는 기분이었다. 나에 대한 여러 의견들에 반박하자니 괜히 감정적으로 반응하는 것 같고, 가만히 듣고만 있자니 억울한 마음이 쌓였다. 혹시 모두가 나같은 마음이었을까? 결국 월요 미식회는 우리에게 무거운 감정만 남긴 채, 어느새 조용히 사라져 버렸다.

"올바른 피드백이 뭔지 알아야겠어."

꽤 시간이 지난 어느 날, 고탱이 조심스레 말을 꺼냈다. 월요 미식회가 애매하게 막을 내린 뒤에도 고탱은 끝까지 '대화'라는 과제를 손에서 놓지 않고 있었던 것이다. '너는 왜 그래'가 아닌 '너는 그렇구나'를 결국 해내고자 하는 마음이 컸던 거다.

"상대방의 성장을 위해서 필요한 말을 하는 게 올바른 피드백이래. 그리고 그걸 들은 사람은 꼭 그 말을 받아들여야 하는 것도 아니야. 자기 성장에 도움이 된다고 생각되면 받아들이고, 아닌 것 같다면 흘려보내면 되는 거지. 그게 건강한 피드백 문화래."

고탱의 이 말을 듣고 나서야 나도 '아차' 싶었다. 그러게…. 피드백이 왜 필요한지, 무엇 때문에 하는지를 한 번이라도 생각했다면 그렇게까지 부정적인 마음을 갖지는 않았을 텐데….

'업무 이야기하는 단톡방에서 너무 쓸데없는 말을 많이 하지 말아줬으면 좋겠어'라는 말은 내 불필요한 드립들 때문에 자칫 중요한 업무 흐름이 흐트러질까 봐, 혹은 내가 팀원들에게서 신뢰를 잃을까 봐 걱정해서 해준 조언이었다. '장난이더라도 위협적인 행동이나 욕설은 삼가줬으면 좋겠어'라는 말 역시 웃소에서 연장자인 내가 그렇게 행동할수록 다른 팀원들이 더욱 더 뒤에서 나를 어려워할 수 있기 때문에 해준 조언이었다.

그렇게 우리에게 피드백이라는 문화가 조금씩 자리잡아가고 있을 때, 나에게 강한 인상을 남긴 안겨준 피드백 시간이 있었다. 때는 파리 촬영을 다녀온 며칠 뒤, 분명 신나게 촬영했고 즐겁게 다녀왔지만 영상이 업로드된 후 반응은 기대보다 좋지 않았다. 팀 전체가 약간은 시무룩한 분위기였고, 우리는 그 원인을 돌아보기 위해 촬영 리뷰 시간을 가졌다.

각자 본인의 아쉬운 점이나 팀에게 아쉬운 점 등을 나누고 있던 그때, 태훈이는 여전히 나에 대한 이야기는 단 한마디도 꺼내지 않았다. 생각해보면 그럴 법도 했다. 태훈이는 월요 미식회 때도, 피드백 시간에도 항상 예의 바르게 말하는 스타일이었다. 누구도 상처받지 않게 말끝을 둥글게 마무리짓는 게 태훈이의 방식이었고, 지금까지 단 한 번도 나에게 불만이나 쓴소리를 한 적이 없었다.

그렇다고 정말 나에게 아무런 불만이 없을 리는 없었다. 문득 궁금해졌다. '왜 나한텐 아무 말도 안 하지? 혹시 내가 형이라서 그런가?' 그래서 결국 나는 직접 태훈이에게 물었다.

"태훈아, 나한테는 하고 싶은 말 없어?"

그러자 태훈이는 아주 조심스럽지만 단호하게 나에게 첫 피드백을 해주었다.

"디투는… 약간 부정적인 생각이 앞서는 것 같아."

순간, 심장이 '쿵' 했다. 생각보다 센 피드백이 나오기 시작했다.

"이번 촬영에서도 미리 걱정을 너무 많이 하더라. 디투가 먼저 부정적인 의견을 내니까… 나도 괜히 위축돼서 신나게 못 하겠어. '할 수 있을 것 같아', '함께 해보자'라는 긍정적인 말을 먼저 해줬으면 좋겠어. 난 디투랑 함께 즐거운 거 많이 찍고 싶은데, 자꾸 디투가 안 될 것 같다고 하면 나도 속상해져."

그 어떤 피드백을 들었을 때보다도 머리가 띵했다. 나의 —아니, 아마도 부정적인— 말들이 태훈에게는 저렇게 받아들여질 수 있었겠구나…. 태훈이는 신나서 촬영하려다가도 나 때문에 그 마음이 꺾였을 수도 있었겠구나 싶은 생각이 들면서 진심으로 미안했다. 나도 즐거워하는 태훈이가 좋은데, 태훈이는 분명 나랑 재밌게 촬영하고 싶었을 텐데, 그 순간들마다 마음속으로만 꾹 참고 있었을 걸 생각하니 너무 미안하고 또 고맙기도 했다. 그제야 깨달았다. 내가 얼마나 어리고 또 어리석었는지.

그로부터 꽤 시간이 지난 후 우리는 교토로 촬영을 갈 일이 생겼고, 난 태훈이의 피드백을 기억하며 먼저 이야기했다.

"나 이번 여행에서는 절대 부정적인 말 안 할게. 진짜."

다들 나의 말에 놀라움과 반가움을 섞어 "좋아!"라며 반겨줬고, 각자 "그럼 나는 ~ 안 할게." 하며 신나게 떠들고 있었다. 정말 어렵게, 어렵게 시작했던 월요 미식회가 이렇게 아름다운 결말로 이어지는 순간이었다.

|||||||

웃소를 지속 가능하게 만든 힘 중 하나가 '대화'였다면, 다른 하나는 바로 '보람'이었다. 앞서 말했듯, 웃소의 시작은 꽤 가난했다. 대표가 식사를 중요시하던 고탱이었기에 그나마 밥은 잘 챙겨 먹을 수 있었지만 (내가 대표였다면 아마 여러 번 굶었을 것이다…), 희망이라 부를 만한 만한 수익은 오랫동안 없었다. 그래서 우리는 정말 간절했다.

그 시절, 한 달에 500만 원만 벌자던 목표를 이루기 위해 열심히 달렸다. 그리고 결국 그걸 해냈고, 정말 기뻤다. 그런데, 이상하게도 막상 돈을 벌게 되니 어딘가 허무했다. 목표를 이뤘는데 다음이 보이지 않는 것 같은 기분. 구독자 100만을 달성한 뒤의 기쁨도 잠시, 코로나까지 겹치며 우리 모두 방향을 잃은 듯 삐걱거리기 시작했다. 배부른 소리일지 모르지만, 그 시기의 공허함은 생각보다 길고 깊었다.

"우리가 왜 영상을 찍고 있지?"

어느 날부터인가 이 질문이 조심스럽게 입 밖으로 새어 나왔다. 예전엔 좋아서, 즐거워서 찍고 올리던 영상이 어느새 일이 되었고, 목표를 이뤘음에도 예전만큼의 설렘은 사라져있었다. "회사니까.", "기다리는 사람이 있으니까.", "돈을 벌어야 하니까." 등 각자 이유를 말했지만, 어느 것도 뚜렷한 답이 되진 못했다. 그 질문은 끝내 명확히 해결되지 않은 채, 우리는 또 다시 눈앞의 편집과 촬영에 몰두하며 시간을 흘려보냈다.

그러다 코로나가 점차 잠잠해지고 오프라인 행사들이 다시 하나둘 열리기 시작하면서, 우리는 카메라 너머의 사람들과 직접 마주할 기회를 얻게 됐다. 그리고 그 자리에서 이런 말을 자주 듣게 되었다.

"온 가족이 다 웃소 팬이에요."
"웃소 영상은 가족이 함께 봐요."

댓글로만 접하던 말들이 실제로 전해졌을 때, 우리는 묘한 감정을 느꼈다. '남녀노소 모두가 함께 볼 수 있는 콘텐츠'라는 우리의 기준이 현실이 되어 있었던 것이다. 반복되던 이 말은 점점 마음에 깊이 남았고, 어느새 우리끼리도 "우리 가족이잖아."라는 농담을 자연스럽게 주고받을 정도였다. 웃소와 '가족' 사이에는 말로 설명하기 힘든 연결이 생겨나고 있었다.

우리가 만든 영상으로 누군가는 가족과 함께 웃고, 대화하고, 추억을 쌓고 있었다. 그건 단순한 재미나 수익과는 비교할 수 없는 훨씬 깊은 '가치'였다. 그제야 우리는

함께 하는 시간을 만드는
팀 웃소.

우리가 진짜 무엇을 하고 있는지, 왜 이 일을 계속하고 있는지를 분명하게 이해하게 됐다. 나 혼자 보고 웃는 영상이 아니라, 함께 보고, 함께 웃고, 함께 기억하는 시간. 우리는 바로 그 '함께하는 시간'을 만들고 있었던 것이다.

OTT 서비스가 활발하지 않았던 시절, 가족이 거실에 모여 TV를 보는 풍경은 너무도 당연했다. '모래시계'가 방송되던 날엔 거리에 사람이 없었고, '개그콘서트'의 엔딩송은 국민의 일주일을 마무리하는 신호처럼 울려 퍼졌다. 꼭 그 시절이 그리운건 아니다. 하지만 가족이 한자리에 모여 함께 웃던 그 시간만큼은 분명 그리운 게 맞다. 리모컨을 두고 티격태격 싸우면서도, 보고 싶지 않은 프로그램을 함께 보면서도 결국 그 모든 시간이 소중했다.

이제 우리는 더 이상 헤매지 않는다. 아니, 여전히 여러 이유로 헤매기도 하지만—적어도 '우리가 왜 이 일을 하고 있는지'에 대해서는 더 이상 흔들리지 않는다. 우리가 만든 영상이 누군가의 가족을 한자리에 모이게 하고, 함께 웃게 하고, 대화를 시작하게 만든다면. 그것만큼 보람

된 일이 또 있을까? 우리가 만들어 내는 모든 순간이 차곡차곡 쌓여, 결국 우리 콘텐츠의 '가치'가 된다는 걸 이제는 분명하게 느낄 수 있다. 이것이 바로 우리가 지속 가능했던 이유. 그리고 앞으로도 계속 웃소를 지속해 가고 싶은, 가장 분명한 이유다.

에필로그

고탱의 에필로그

나에겐 지금껏 한 번도 말해본 적 없는 비밀이 있다. '나의 웃소'를 나눠 갖기 시작했다는, 말로 설명하기 힘든 상실감. 어디에도 꺼내본 적 없는 나만 알고 있던 감정이었다.

웃소 채널을 처음 시작할 때는 영상 기획부터 편집, 업로드까지―모든 과정에 내가 가장 깊이 관여해왔다. 하지만 채널이 성장하고, 구독자 100만을 넘기고, 팀으로 체계를 갖춰가면서부터 조금씩 그 일들을 내려놓아야 한다는 걸 느꼈다. 이렇게 말하면 좀 웃길 수도 있지만, 내겐 작은 '이별' 같았다.

그런데 그 '이별의 시간'은 생각보다 오래가지 않았다. 환생학교 요괴반 시즌 2를 제작할 때였다. 촬영부터 편집, 뮤직비디오 제작과 업로드까지 모두 맡겠다고 했지만 갑작스러운 코로나 확진으로 속도를 내지 못했고, 예상보다 후유증도 심각했다. 마지막 화를 편집할 무렵엔 완전히 지쳐 번아웃이 왔다.

그러자 다른 멤버들이 하나둘 분주하게 움직이기 시작했다. 그제야 깨달았다. 팀원들의 존재가 얼마나 큰지. 한때는 웃소를 뺏기는 것 같아 혼자 속으로 '이별 여행' 중이던 고태원은, 어느새 팀원들의 응원을 받는 든든한 한 사람이 되어 있었다.

그래서 나는 우리 팀이 늘 자랑스럽다. 촬영 도중 갑자기 "잠깐만, 내가 해볼게."라며 어디든 내 스타일을 얹는 제멋대로인 리더였지만, 그런 나를 묵묵히 따라와 준 멤버들. 그리고 내가 힘들 땐 먼저 다가와 손을 내밀어 준 사람들. 그 순간들이 결국 '우리 모두의 웃소'를 만들어가는 소중한 과정이었다는 걸 이제야 깨닫는다.

우리에게는 그동안 말하지 못한 수많은 고민과 불안이 있었다. 이 영상이 누군가에게 의미가 있을지, 웃음을 줄 수 있을지. 그럴 때마다 우리는 시청자들의 댓글을 본다. 그리고 새로운 도전으로 영감을 주며, 늘 발전하는 유튜버가 되겠다고 다짐한다. 트렌드는 생기고 사라지며, 플랫폼은 계속해서 성장하고 변화하겠지만 한 가지는 절대 변하지 않는다. 웃소가 성장할 수 있었던, 그리고 지금도 우리가 이 일을 할 수 있게 해주는 가장 근본적인 이유. 그건 바로 '당신', You.

디투의 에필로그

우리에게는 그동안 말하지 못한 수많은 고민과 불안이 있었다. 이 영상이 누군가에게 의미가 있을지, 웃음을 줄 수 있을지. 그렇게 지난 10년을 돌아보았다. 그리고 구체적으로 이야기하기는 어렵지만, 웃소와 나의 미래 또한 좋은 방향으로 정리가 된 것 같아 내 마음이 한결 가벼워졌다.

내가 어린 시절에는 그저 시키는 것만 잘하면 됐기에, 별다른 고민 없이 성실하게 살아왔고, 그 덕분에 안전한 울타리 속에서 지낼 수 있었다. 솔직하게 터놓고 얘기해본 적은 별로 없지만 내 마음 속 깊은 곳에는 늘 '내가 아무리 좋아하고 하고싶은 일이라도, 이미 재능을 타고나서 나보다 잘하는 사람 수백만 명은 있어. 나는 아무것도 아니야.'라는 생각을 하고 살았다. 그래서 다른 곳에 열정이 생겨도 포기하는게 편했고, 그게 익숙했다.

그런 나에게 사회인이 되는 과정은 참 쉽지 않았다. 나에게는 오직 실패만 있는 것 같았으니까. 눈 앞에 주어진 시험만 잘 보면 된다고 생각하고 많은 것을 참으며 살아왔는데, 세상은 갑자기 내게 '이제는 네 꿈을 펼쳐보라'고 말했다. 나는 그게 너무 두려웠고, 그로 인해 겪게 될 실패들이 무서웠다. 고이 접어둔 내 작은 날개가 참 초라해보이고 신세가 처량하게 느껴졌다.

대학원 졸업을 앞두고 나는 오랫동안 불면증에 시달렸다. 늦게라도 꿈을 꿔봐야겠다며 한 번 발악도 해봤지만 내 속에 아주 작은 물결만 잠깐 일렁인 채 다시금 내 마음은 잔잔해졌다. 자기소개서를 써가며 추락하는 자존감과 함께 날 원하는 회사도, 사람도 없다는 사실에 매일 괴로워 했다. 창문에 걸터앉아 새벽 내내 한숨쉬며 신세 한탄만 하고 있던 내 모습을 마주쳤던 어머니는 무슨 생각을 하셨을까.

내가 그렇게 웅크리고 있을 때, 나를 유일하게 필요로 해준 사람이 바로 고탱이었다. 고탱은 자꾸 뭘 찍자고 했다. 재미있는 아이디어가 있는데, 나와 찍으면 재밌을 것 같다고 했다. 그래서 고탱의 비디오에 많이 출연하게 됐고, 나도 재미있는 생각이 나면 고탱에게 말해서 같이 찍고 놀았다. 돈은 안돼도 그냥 즐거운 시간이었다. 그걸로 충분했다. 내가 필요한 사람이 되어있었으니까.

이번 에세이를 쓰면서 나는 비로소 그 감정을 제대로 마주했다. 어쩌면 이 글을 쓰는 시간은 나에게 그 어떤 심리치료보다도 따뜻하고 필요한 치유의 시간이었는지도 모르겠다. 여러분에게도 이 에세이가 여러분에게 '선물'처럼 느껴지기를. 10년간 웃소를 지켜보며 알 수 없었던, 더 깊고 솔직한 이야기들이 가득해서 예상하지 못한 선물을 받은 듯한 감동과 만족이 있기를. 그리고 웃소와 여러분들 모두 오래오래 건강하게 함께 웃을 수 있길 바란다.

성희의 에필로그

웃소는 내게 첫 번째 직장이었고, 동시에 나의 첫 번째 '세상'이었다. 아는 것도, 해본 것도 많지 않은 스물 다섯의 내가 처음으로 책임이라는 걸 배웠고, 사람들과 일하는 법도 배웠다. 멤버들끼리 마음 상하지 않게 소통하는 법부터 시청자들이 뭘 좋아하는지를 감각적으로 캐치하는 능력까지, 나는 웃소를 통해 사람을 배웠다고 해도 과언이 아니다.

어렸을 때 나는 별다른 꿈이 없었다. '어떻게든 되겠지' 하며 막연하게 흘러가는 삶을 살았다. 그런 나에게 웃소는 특별한 꿈이 없어도 괜찮다는 걸 알려주었다. 웃소 안에서 내가 어떤 사람인지, 어떤 것을 좋아하고 잘하는지, 그리고 내가 얼마나 사랑을 주고받을 수 있는 사람인지 가르쳐주었다. 좋아하는 사람들과 좋아하는 일을 하면서, 치열하게 하루하루를 살아낸다는 건 그 자체로 충분히 아름답다고. 그게 어린 시절부터 간직한 거창한 꿈이 아니어도 괜찮다고 말이다.

첫 100만 콘서트가 열리던 날, 버거운 일정 탓에 너무너무 힘들었지만 막상 무대에 선 그 순간 느낀 감정은 그 무엇보다 짜릿했다. 공연을 마치고 돌아오는 길, 늦은 밤 운전하면서 창문을 활짝 열고 바람을 맞으며 소리를 질렀다. 나 지금 너무 행복하다고. 그날의 기쁨은 단순한 성취감이 아니었다. '내가 정말 사랑받고 있구나', '이 자리에 내가 있어도 되는구나' 하는 그 감정이 나를 살아있게 했다. 웃소를 하기 전부터 노력했던 모든 걸 다 보상 받는 기분마저 들었다.

10년이라는 시간 속엔 무수한 슬럼프도 있었고, 팀 안에서의 갈등이나 조율도 필요했으며, 번아웃으로 한동안 아무것도 하고 싶지 않았던 때도 있었다. 영상이 '일'이 되고, '책임'이 되고, '삶'이 되면서 스스로의 부족함이 원망스러웠던 날도 많았지만 그런 힘든 시기조차도, 지금 와서는 너무나 소중한 성장의 시간이었다. 그렇게 하나하나 겪어왔기에 지금의 내가 있고, 지금의 웃소가 있다.

마지막으로 이 긴 여정을 함께해 주신 모든 구독자분들께 진심으로 감사의 인사를 전하고 싶어요. 기다려주시고, 웃어주시고, 함께 해주신 덕분에 지금의 웃소가 존재할 수 있었어요. 이렇게 10년의 시간을 글로 남길 수 있는 이 순간이 저에게는 정말 귀한 시간입니다. 앞으로도 계속 함께 웃으면서 걸어갈 수 있기를, 우리 모두가 오래오래 건강하게, 그리고 많이 웃을 수 있기를 진심으로 바랍니다. 사랑해요!

소정의 에필로그

나는 어릴 적부터 남들과는 조금 다른 꿈을 가지고 있었다. 평범한 일상보다는 특별한 삶을 살고 싶었고, 그렇게 영상 제작이라는 길을 걷게 되었다. 하지만 현실은 내 생각대로 흘러가지 않았다. 주어진 일만 하는 평범한 회사원이 되었고, 그토록 원하지 않았던 지루한 삶을 살아가야겠다며 체념했던 시기도 있었다.

그런 내게 웃소는 마치 일상속에 불쑥 나타난 하나의 탈출구 같았다. 처음엔 멀리서 바라보던 팀이었고, 내가 웃소의 멤버가 될 거라곤 상상조차 하지 못했는데…. 그렇게 시작된 시간들은 어느새 20대 초반에서 후반으로 이어졌고, 그 사이 나는 참 많은 것을 배웠다. 부족함에 부딪혀 좌절하기도 했고, 실수도 많지만, 혼자였다면 무너졌을 순간들도 분명 있었을 것이다.

나를 다시 일으켜 세운 건 늘 곁을 지켜준 웃소 멤버들이었고, 한마디 응원과 댓글로 따뜻한 힘을 건네준 구독자분들이었다. 지금의 내가 있기까지 나를 채워주고 성장시켜준 모든 분들께 진심으로 고맙다는 말을 꼭 전하고 싶다.

앞으로 우리가 또 어떤 시간을 함께 보내게 될지, 어떤 이야기를 써 내려가게 될지는 모르겠지만 한 가지는 분명하다. 나는 앞으로도 이 팀과 함께하고 싶고, 여러분과 계속 웃고 싶다는 것. 그 마음 하나만큼은 10년이 지나도, 20년이 지나도 변하지 않을 것이다.

우디의 에필로그

멤버들과 에세이를 쓰며 과학적으로 불가능하다는 시간 여행을 경험했다. 웃소의 순수했던 초창기와 화려했던 성장기를 지나면서 나는 문득 웃소에서 자리를 비웠던 시절에 머무르게 되었다.

웃소는 내 삶에서 마치 대학교 같은 존재였다. 고등학교를 졸업한 뒤, 사회 속 어딘가 어정쩡한 위치에 서 있던 나에게 웃소는 따뜻한 보금자리가 되어주었다. 처음 만난 형과 누나들과 함께 어울려 지내는 시간은 마치 동아리 활동 같았고, 콘텐츠를 만들고 올리는 건 내가 가장 좋아하던 수업이었으며, 100만 구독자 기념 콘서트는 인생에서 가장 중요한 시험처럼 느껴졌다.

나는 좋은 사람들을 만나는 일이 인생에서 가장 큰 축복 중 하나라고 믿는다. 웃소를 처음 시작했을 때의 나는 아직 어리고 서툴렀지만, 그런 나를 이해해주고 함께 걸어준 멤버들이 있었기에 지금의 내가 있을 수 있었다. 그래서 지금 이 자리에 서 있는 마음은 무엇보다 '고마움'이다. 웃소는 내게 '유튜버라고 당당히 말할 수 있는 삶'을 선물해줬고, 시청자들은 내게 꿈꾸던 순간들을 현실로 만들어줬다. 그 모든 축복 같은 선물들에 제대로 보답하고 싶지만 하루는 늘 짧고, 여전히 나는 부족하다.

그래도 나는 계속해서 나의 방식으로 사랑을 표현하고 싶다. 나의 웃소 이야기는 벌써 10년째 이어지고 있고, 여전히 내 인생 최고의 프로그램이다. 우디라는 등장인물이 무엇을 깨닫고 느끼는지, 그가 건네는 이야기에 마음이 웅장해진다.

지금보다 더 즐거운 미래로 나아가겠다는 건 욕심일 수 있지만, 그래도 나는 그런 미래를 모두에게 약속하고 싶다. 언제 쓰게 될지 모를 웃소 에세이 다음 편에서도 또 다시 웃으며 이야기 나눌 수 있기를 바란다.

마지막으로 나의 작은 우주 같은 삶 속에서 친구가 되어주고, 동료가 되어주고, 가족이 되어준 우리 웃소 멤버들에게 진심을 담아 전합니다. 사랑해요. 고마워요!

태훈의 에필로그

 나는 한때 '멋진 사람'처럼 보이고 싶었다. 새하얀 셔츠에 넥타이를 매고, 빌딩 숲 사이로 당당하게 출근하는 그런 사람. 전문적이고 지적으로 보이는 금융권 샐러리맨. 그게 내가 생각하는 '성공한 사람'의 모습이었다. 그래서 나도 그 틀에 맞춰 살려고 부단히 애썼다. 하지만 지금의 웃소 태훈은 그때 상상했던 모습과는 전혀 다르다. 그리고 놀랍게도 지금은 그 '다름'이 참 좋다.

 발랄하고 유쾌한 웃소에서 장난도 치고, 우스꽝스러운 막춤을 추며 날것 그대로의 모습을 멋져보이려는 보여주기 시작했다. 멋져 보이려 애쓰는 대신, 그저 나답게 라는 마음으로 조금씩 내려놓기 시작한 것이다. 그러자 잊고 있던 진짜 나 자신이 돌아왔다. 어릴 적 남의 시선을 신경 쓰지 않고 마음껏 웃던 그 모습 말이다. 웃소에서의 지난 10년은 나의 성장 과정을 담고 있다. 그리고 나는 이제 안다. 그렇게 살아갈 수 있다는 것이 얼마나 감사한 일인지.

지난 10년이 어땠냐고 묻는다면, 나는 주저 없이 말할 수 있다. 정말 많이 웃었고, 그래서 정말 많이 행복했다고. 그리고 그 웃음은 전부 여러분 덕분이었다. 좋아요 하나, 댓글 하나에 힘든 마음이 치유됐고, 흑백의 하루가 시청자분들의 사랑으로 색칠되기도 했다. 모니터 너머의 누군가가 나를 응원하고 있다는 사실은 나를 항상 웃게 해주었다.

그래서 여러분께 이 글로나마 감사를 전하고 싶다. 그리고 내가 받은 웃음과 행복들을 나도 누군가에게 전해주는 사람이 되고 싶다. 여러분이 나에게 그랬던 것처럼.

해리의 에필로그

내 20대의 즐거운 일상을 30대에도 이어가고 싶었다. 정말 재미있고, 신나게 일하고 싶었고, 그 바람은 결국 나를 웃소로 이끌었다. 나는 친구들과 함께 무언가를 쌓아가는 과정 자체가 즐거웠다.

10년 전 웃소를 시작했을 때, 영상에 출연은 하지 않겠다고 말했다. 그런데 10년이 지난 지금, 나는 촬영이 제일 재미있다고 말하며 유튜브라는 무대 위, 웃소라는 이름으로 서 있다. 내가 사람들 앞에 선다는 것은 언제나 떨리는 일이지만 10년 전과 비교해보면 예전만큼 두렵지 않다.

나는 오랫동안 '나 자신을 드러내는 걸 좋아하지 않는다'고 믿으며 살아왔지만, 이제 알았다. 그건 낯설고 어려워서 잘하지 못할까 봐 무서웠고, 그래서 재미없다고 생각했었다는 것을. 하지만 이제는 분명히 말할 수 있다. 나는 사람들의 관심과 응원을 좋아하고, 그 속에서 나를 객관적으로 볼 수 있었다.

내가 지금까지 유튜브라는 무대에 설 수 있었던 이유는 여러분이 웃어준 덕분이다. 그래서 나도 카메라 앞에서 진심으로 웃을 수 있었다. 웃소 영상이 없었다면 정말 버티기 힘들었을 거라는 구독자분들의 이야기를 들을 때마다 우리가 만든 즐거움이 누군가의 긴 밤을 밝혀준 작은 등불 같아서, 그래서 이 일이 더 좋아진다. 나에게도 이런 등불이 필요할 때(최근에 강아지를 하늘로 보냈을 때, 멤버들과 다퉜을 때) 여러분의 위로로 힘을 낼 수 있었으니까. 앞으로도 웃소 친구들과 영상을 만드는 과정은 분명 즐거울 것이고, 그 즐거움이 영상에 담겨 누군가의 하루에 웃음으로 남길 진심으로 바라본다.

그리고 무엇보다, 사랑하는 웃소 멤버들에게 내 진심을 전하고 싶다. 나를 웃소라는 세계로 인도해줘서 고맙고, 웃소를 함께하는 동안 늘 아낌없는 응원을 보내줘서 고맙다. 내가 잠시 자리를 비웠을 때에도 이 자리를 묵묵히 지켜줘서, 같이 고민을 나누고, 나를 웃게 해줘서, 팀이라는 에너지로 나를 다시 일으켜 세워줘서, 그리고 쉽지 않은 날들을 열심히 버텨줘서 진심으로 고맙다. 앞으로도 우리답게 재미있는 일들을 하자.

디투 이렇게 시간이 흘렀어.

해리 우리가 진짜 많은 걸 해 왔네. 이렇게 어려운 길을 어떻게 걸어왔지?

성희 대단해. 근데 동시에 늘 운이 좋다고 생각했던 것 같아. 옛날에는 사람들이 우리 영상을 어떻게 이렇게 많이 봐주지? 이런 생각을 진짜 많이 했어. 그냥 그게… 난 어떤 운이라고 밖에 말할 수 없는 결론이라고 생각이 들어.

디투 이렇게 돌아보니까 우리가 처음에는 정말 상상하지 못했던 모습으로 지금 함께하고 있구나. 앞으로 10년 뒤는 또 어떨지 알 수가 없지만, 10년 전에 그 아무것도 없던 시절보다는 좀 더 설레네.

고탱 고탱이 사기꾼처럼 느껴지던 그 시절보다는?

디투 10년 안에 한 번은 사기를 치겠지…. 난 아직 의심하고 있어.

(다같이 웃음)

성희 10년 후에 다시 이걸 읽어봐야겠다.

디투   인생 정말 알 수가 없다고 많이 얘기하잖아. 처음에는 좀 두려웠는데, 이제는 후회하지 않을 시간들을 보낸 것 같아서 되게 뿌듯해.

성희   그러게. 우리가 10년 동안 얼마나 많은 대화를 했던가!

고탱   웃소라는 팀을 만들어줘서 이제 우리가 이런 그 팀 그 자체가 된 거잖아. 누군가가 이렇게 우리를 또 응원해 주고 봐준다는 게 그냥… 막연히 너무 고마울 때도 있었고 또 너무 힘들어서 계속 이렇게 힘든 게 맞나? 싶을 때도 있었어. 그게 계속 달라졌는데, 이제는 그걸 10번을 겪고 나니 좀 이제야 진짜 웃을 수 있네.

해리   이제야 웃소가 된 것 같은 느낌이다.

디투   10년이라는 세월동안 정말 웃고 울고, 좋아서 소리 지르기도 하고, 슬퍼서 축 처지기도 했는데, 어느새 웃소가 내 인생 그 자체가 되어버렸더라. 나는 워낙 밖에 돌아다니는 걸 좋아해서 그런지 길거리에서 나를 알아봐주는 사람들을 정말 많이 만났거든. 근데 그 때 마다 참 뭐랄까… 아직 민망하면서도 한없이 감사해. 용기 내서 다가와서 응원해 주시는 그 마음이 정말 고맙고, 얼마나 큰 복인가 싶더라. 그래서 더 책임감을 느껴.

우디   나도 그 말에 정말 공감해. 같은 하나의 영상을 만드는 일을 7명의 멤버가 10년 동안 유지해서 한다는 게 보통 쉬운 일은 아닌데… 그걸 우리가 하고 있다니. 드라마나 영화를 만드는 사람들은 길어야 3, 4년 정도 하나의 영상을 위해서 모이고 흩어지고, 다음에 또 볼 수 있으면 보자 이런 식으로 인사를 하는데 우리는 10년 동안 그걸 해 온 거고, 앞으로도 할 예정이니까. 그래서 난 우리가 영상을 만드는 사람들 중에서도 전례 없는 사례라고 생각해. 처음엔 스타트업 사람들이 모이듯이 시작했는데 지금의 형태는 우리가 자주 비유하는 음악 그룹. 블랙핑크나 BTS 같은 아이돌 그룹이 나 좀 더…

고탱   (당황) 레퍼런스가 너무 센 거 아니야?

소정   그러니까 깜짝 놀랐어. (웃음)

우디   (머쓱) 그런가. 하하. 근데 진짜 그런 생각이 들어.

우리 팀만의 색깔, 방식, 리듬이 어느새 생겨버렸잖아. 이렇게 오랜 시간 함께하면서 단순히 영상만 만든 게 아니라, 각자의 인생이 겹치고 녹아든 것 같거든. 완벽하지 않아도 서로 다른 만큼 배워가고 맞춰가면서 여기까지 온 거잖아. 앞으로도 분명 힘든 순간들이 있겠지만 지금처럼 서로를 믿고 가면 또 10년 뒤에도 웃으면서 이야기할 수 있을 것 같아.

소정 나도 벌써 웃소와 함께한 지 5년이 넘었더라고. 나이도 다르고 성별도 다른 7명이 친구도, 동료도 아닌 되게 복잡한 관계로 계속 함께하고 있다는 게 참 신기해. 웃소를 통해 알게 된 건, 관계라는 것이 단번에 만들어지는 게 아니라 시간을 함께 보내면서 조금씩 다져지는 거라는 거였어. 함께 영상을 만들고, 함께 웃고, 함께 고민하면서 나와 웃소의 관계도 자연스럽게 형성됐지. 그렇다고 지금의 관계가 아주 편한 건 또 아니야. 여전히 우리는 서로를 알아가는 중이고, 매일 새롭게 마주하는 상황 속에서 각자의 방식으로 성장해 가고 있어. 완벽하진 않지만 그런 모든 과정이 결국 나를, 그리고 우리를 더 단단하게 만들어주고 있다는 걸 느껴. 지금도 우리는 계속해서 서로의 이야기를 쌓아가고 있고.

태훈 나도 지금까지 웃소를 하면서 좋았던 점은 우리가 만든 영상들이 유튜브에 계속 남아 있다는 거야. 그게 곧 나의 과거, 우리의 발자국이잖아. 에세이를 다 같이 쓰면서 느낀 건, 겉으로 보이는 모습과는 다르게 그 안에는 많은 고군분투가 있었고, 추억도, 어려움도, 즐거움도 다 있었구나 싶더라고. 이걸 사람들과 나눌 수 있게 됐다는 것도 참 뜻깊은 일인 것 같고. 나 자신도 지난 10년을 다시 돌아보는 시간이 돼서 정말 즐거웠어.

해리 그치. 나도 10년을 돌아보니까 이 사람들이 참 고맙더라고. '너네'랑 같이 할 수 있어서. 이 친구들이랑 같이 있었으니까 내가 버틸 수 있었던 거지. 내가 다른 데 가서도 10년을 어디서 이렇게 할 수 있을까? 재미있고 신기한 경험이라고 생각해.

성희 (웃으며) 근데 갑자기 궁금한 게 생겼어. 고탱은…

아직도 '웃소'라는 이름 마음에 안 드는 거야?

고탱 지금 서류는 준비해 놨어. 회사 이름 바꾸려고. 잼스로 바꿀 수 있는 서류는 항상 준비해 놓고 있어.(농담)

(다 같이 빵 터짐)

해리 내가 찾아봤는데, 고탱은 웃음코뿔소라는 이름이 정말 마음에 안 들었나 봐. 2015년 3월 말부터 웃소라고 부르기 시작하더라고.

성희 줄이자고 엄청 많이 얘기했었어. 근데 그거 알아? 원래는 웃코로 줄이려고 했었어.

고탱 맞아 웃코. 그 때 누가 웃소로 줄이재. 그래서 '왜 좋은 웃코가 있는데 왜 웃소라고 그러지? 웃음코뿔소면 웃코지 왜 웃소가 되는 거야?' 혼자 이렇게 생각하고 있었는데 다들 웃소가 좋다고 해서 웃소가 됐지. 그래도 다 남들이 하자는 대로 했으니 뭐 칭찬해 달라. 그냥 그렇다고.

소정 그래 그래.

고탱   그래도 오늘 이야기 들어보니까 다들 비슷한 마음이었구나 싶어서 공감이 많이 됐어. 그냥 우리 이야기를 찍어서 인터넷에 올린 게 다인데. 여기까지 오게된 건 결국 우리 곁을 지켜준 시청자들 덕분입니다.

우디   맞아. 여러분께 10년의 감사를 전합니다.

모두   감사합니다!

고탱   자, 그러면 여기까지 하겠습니다. 여러분 끝까지 들어주셔서 고맙습니다! 이 에세이는 비록 글로 읽고 계시지만, 저희 목소리가 들리는 것처럼 느껴지셨기를 바라요. 또 오랜 시간이 지난 뒤에, 우리 다시 만나요. 안녕~

모두   뚜루뚜뚜 뚜뚜루루루 웃~소!

멤버들이 서로의 등을 툭툭 두드리며 천천히 일어난다.

웃음과 말소리가 하나둘 잦아들다

스튜디오엔 다시 익숙한 정적이 흐르고,

빨간 소파만이 자리에 남아 있다.

○
꽃
　꽃
。
　。

10년 째 합숙 중

함께 만들어 낸
진솔한 웃음과 우정의 기록

초판 1쇄 발행 2025년 10월 31일
2쇄 발행 2025년 12월 10일
지은이 웃소
편집 길나경
디자인 고영원 황혜경

펴낸곳 책읽는 코빨소
등록 2025년 5월 1일 (제2025-000044호)
주소 (14488)경기도 부천시 원미구 길주로411번길 20 (춘의동, 춘의 디아크원)
이메일 business@wootso.com
인스타그램 instagram.com/wootso
웃소 홈페이지 wootso.com
유튜브 www.youtube.com/@Wootso

ISBN 979-11-992861-0-8(13810)

ⓒ 웃소, 2025
All rights reserved.

· 이 책은 저작권법에 의해 보호받는 저작물이므로 무단 전재나 복제를 금합니다.